성심리학으로 풀어보는
사랑의 미스터리

성심리학으로 풀어보는 **사랑의 미스터리**

찍은날 · 2018년 9월 3일
펴낸날 · 2018년 9월 10일

지은이 · G. 윌슨 / D. 니아스 지음
편역자 · 김정범
펴낸이 · 김순일
펴낸곳 · 이너피스
등록번호 · 제2015-000185호
등록일자 · 2008년 01월 10일
주소 · 경기도 고양시 덕양구 고양대로 1916번길 50 스타캐슬 3동 302호
전화 · 02-715-4507 / 713-6647
팩스 · 02-713-4805
전자우편 · mirae715@hanmail.net
홈페이지 · www.miraepub.co.kr

ⓒ 이너피스 2018

ISBN 979-11-964255-2-4 03190

Loves Mysteries – The Psychology of Sexual Attraction

성 심 리 학 으 로 풀 어 보 는

사랑의 미스터리

태초부터 현재까지 그리고 앞으로의 미래에
변하지 않을 여자와 남자의 성심리

G. 윌슨 / D. 니아스 지음
김정범 옮김

사랑의 논리를 찾아서

사랑이란 어떻게 이루어지는 걸까?

알 듯 말 듯하지만 그 메커니즘을 설명하기란 쉬운 일이 아니다. 그만큼 우리는 사랑의 원리를 애매하게 알고 있다.

이 책(원제:Loves Mysteries—The Psychology of Sexual Attraction)은 바로 그 러한 어려움을 극복하고, 사랑의 메커니즘을 본격적으로 논하고 있다. 남자 와 여자가 이른바 수컷과 암컷으로 부딪치며 일으키는 심리적 · 생리적 변화 를 흥미롭게 설명하고 있다.

공저자 윌슨G. Wilson과 니아스D. Nias는 영국 런던대학교 정신의학연구 소 정예 연구원으로 지금까지 인간의 사회적 자세와 매력의 문제 등을 집약 적으로 연구하면서 주목할 만한 논문을 많이 발표하고 있다.

저자들은 이 책에서 최근까지 이루어진 여러 연구 결과를 기초로 하여 자 신들의 논리를 진지하게 전개하고 있다.

사실 성性과 사랑에 관해서는 수많은 속설이 산재해 있고, 그것이 오락성 출판물이나 매스컴을 통하여 윤색되거나 과장되기도 했다. 확실한 과학적 근 거도 없이 제각기 주관적 개념에 근거하여 성과 사랑을 논한 경우가 많았던 것이다. 그러나 이러한 문제는 좀 더 신중하게 연구되어야 할 문제임이 분명 하다.

이 책은 바로 이러한 문제의 중요성에 따라 충실하게 진행된 연구 결과와 비교행동과학에 근거를 둔 개인차에 대해서 설명하며, 매력이나 섹스에 있어서 남녀 차나 개인차가 있다는 것을 과학적으로 입증하고 있다.

따라서 이 책을 통하여 이성理性을 찾아 나설 때 자기에게 적용될 수 없는 속설이나 근거 없는 이론에 의지하는 시행착오에 대하여 예비지식을 갖출 수 있을 것이다.

이 책이 제시하는 것들이 매우 흥미로운 집약적인 연구의 성과이기는 하지만 이 모든 내용을 수용하는 우리도 세련된 자세를 가질 필요가 있음을 말하고 싶다. 우리가 동의와 비판을 함께 받아들일 때 이 세계적인 화제의 연구가 제 가치를 발휘하게 될 것이다.

아무쪼록 이 흥미진진한 연구가 우리의 일상 속에서 진지한 논의의 대상이 되길 빈다.

- 옮긴이

Contents

제1강

사랑을 위하여

01. 감정의 분석

02. 매력의 평가

성의 역사에 대하여

07. 동성애, 그리고 이상 성욕

08. 성의 진화

09. 성의 미래

|남|녀|의|성|심|리|리|서|치|
Loves Mysteries-The Psychology of Sexual Attraction

제1강

사랑을
위하여

01. 감정의 분석

대부분의 사람들은 일생 동안에 한번은 진짜로 사랑을 하고 있구나 하고 실감할 만큼 격렬한 흥분을 경험한다. 이런 경험은 가장 드라마틱하고 신비로운 일일 것이다.

사람들은 연애에 대해서 끝없는 호기심을 가지고 있다. 그런데 사랑은 사람을 행복하게도 하지만 반대로 깊은 고통을 주기도 한다. 사랑이 인간의 정서 중에서도 가장 오묘한 것은 이런 이유 때문이다.

시, 연극, 소설 그 밖의 예술이나 오락을 보면 사회 전체가 연애에 열중하고 있음을 잘 알 수 있다. 이 연애라고 하는 현상은 어제 오늘 시작된 것도 아니며, 특정한 문화에서만 볼 수 있는 것도 아니다. 로맨틱하고 정열적인 사람은 모든 시대, 모든 지역에서 볼 수 있다. 시인, 극작가, 철학자, 정신분석가나 그 밖의 수많은 사람들은 사랑을 한다는 것이 어떤 느낌인가에 대해서 깊은 통찰을 계속해 왔다.

그렇다면, 그 이상으로 뚜렷한 사랑의 그림을 그리기 위해서 과학자들은 무엇을 첨가할 수 있을까? 심리학자들이 사랑의 여러 가지 측면을 수량적으로 정확하게 정의하고, 사랑이 가장 일어나기 쉬운 조건을 분명하고 자세하게 제시하기 위한 일을 시작한 것이 그 작업의 하나라 할 수 있을 것이다.

대개의 사회행동과 마찬가지로 사랑 역시 지극히 복잡하기 때문에 완전히 상반되는 두 가지 표현을 제시한다 해도 모두 옳다고 느껴질 것이다. 예를 들면, 헤어져 있는 것이 오히려 서로를 다정하게 만드는 데 좋을 때도 있고, 어차피 떠난 사람은 날이 갈수록 멀어지는 것이 좋을 때도 있다. 이 두 가지 표현 사이에 있는 모순은 어떻게 해결하면 좋을까? 실험에 의해 간접적으로 증명된 하나의 과학적인 가설을 영국의 심리학자 한스 아이젠크가 제시하였다.

그는 사랑하는 사람을 잃은 슬픔에서 빨리 벗어나는 것은 외향적인 사람, 즉 활동적이고 사교성이 풍부한 충동적인 사람의 특징이고, 언제까지나 연인을 그리워하는 것을 내향적인 사람, 즉 조용하고 생각이 깊으며 자기 통제력이 강한 사람의 특징이라는 것을 보여주었다.

이 두 개의 정의 중 어느 쪽을 어느 시기에 적용시킬 것인지를 결정할 때 중요한 작용을 하는 요인은 그 밖에도 많다. 그러나 이러한 요인을 하나하나 확인하는 데 필요한 연구는 아직 이루어지지 않고 있다.

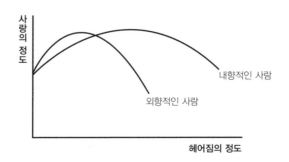

한스 아이젠크에 의하면 내향적인 사람은 외향적인 사람보다 로맨스가 깨지거나 지리적으로 멀리 떨어져서 회복하기까지는 긴 시간을 요한다. 위의 두 정의는 모두 옳을지 모르지만 성격에 따라 반응 형태가 달라진다.

이 방법, 즉 여러 이론이 과연 적용되는가, 그렇지 않은가, 만약 적용된다면 어떤 때인가를 알기 위해서 검증을 하는 것만으로 과학은 복잡한 현상을 이해하는 데 도움이 될 수 있다.

'진정으로 알고 싶다고 생각하는가?' 하는 것이 때때로 제기되는 제2의 문제다. 사랑과 같이 지극히 인간적인 경험은 의식이 과잉되면 그 값어치나 즐거움이 없어져 버리는 것이 아닌가 하는 염려에서 이와 같은 회의가 생기는 것이다. 그러나 이러한 염려에는 근거가 없다는 것이 역사로 증명되어 왔다.

갈릴레오의 탐구력은 별이 빛나는 밤의 신비를 파괴하지 않았고, 다윈의 통찰력은 공작새가 펼치는 아름다운 날개에 대한 감탄을 해치지 않았다. 오히려 이런 과학에 대한 이해가 깊으면 깊을수록 그 아름다움과 신비로움은 증가한다. 즉, 자연에 대해서 그야말로 새로운 공감이 생길지도 모른다는 것이다.

심리요법가나 결혼상담가와 같은 전문가들 중에는 사랑의 영역에 대한 실제적인 지식을 필요로 하는 사람이 많다. 연구에 반대하는 사람들은 이렇게 고통으로 고뇌하는 사람들이 많다는 것을 간과하고 있는 것 같다.

사랑하는 것과 좋아하는 것의 차이

연애를 과학적으로 분석하려 할 때 우선 당면하는 문제는 관심의 표적이 되는 이러한 현상을 어떻게 정의하느냐 하는 것이다. 지금까지 여러 저술가나 이론가들이 다양한 경험이나 정서를 이 현상에 결부시켜 온 것을 생각하면 그 정의가 특히 어렵다는 것을 알 수 있다.

예를 들면, 기쁨과 실망이라는 전혀 동떨어진 감정은 연애 상태를 나타낼 때 자주 인용된다. 그러나 좋아하는 것, 열중하는 것 등은 연애와 혼동하기 쉬운 다른 상태라 할 수 있다.

하버드대학의 심리학자 지크 루빈은 사랑하는 것과 좋아하는 것을 구별하는 설문을 작성했다. 좋아하는 기준으로는 그 사람이 존경할 만하고, 또한 자신과 아주 닮았다는 의미가 포함되어 있었고, 사랑의 기준으로는 그 사람과 함께 있고 싶은 욕구, 큰 희생을 치러서라도 상대를 돕고 싶은 심리, 단 둘만의 꿈결 같은 시간을 보내고 싶은 욕망이 포함되어 있었다.

미시간대학의 루빈은 182쌍의 데이트 중인 커플에게 연인과 동성의 친구를 구분하는 두 가지 기준을 제시했다.

루빈이 제시한 기준의 항목례

좋아한다

· 호의적 평가
  존(메어리)은 대단히 이해심이 깊다고 생각한다.
  존(메어리)이 칭찬을 받는 것은 지극히 당연하다고 생각한다.

· 존경과 신뢰
  존(메어리)의 훌륭한 판단을 매우 신뢰한다.
  반이나 그룹의 선거에서 존(메어리)에게 투표할 생각이다.

· 유사성의 인지
  존(메어리)과 나는 서로 아주 닮았다고 생각한다.
  존(메어리)과 함께 있으면 우리는 언제나 같은 기분이다.

사랑한다

· 애착
  존(메어리)과 함께 있지 않으면 비참한 생각이 들 것이다.
  존(메어리)이 없는 생활을 한다는 것은 괴로운 일일 것이다.

· 보살핌
  존(메어리)이 실망하고 있을 때 그(그녀)를 격려하는 것이 나의
  임무다.
  존(메어리)을 위해서는 무슨 일이라도 한다.

· 친밀함
  모든 일을 존(메어리)에게 털어놓을 수 있을 것 같다.
  존(메어리)과 함께 있으면 상당한 시간 동안 그(그녀)를 그냥 보
  고만 있다.

이와 같은 항목을 사용하여 좋아하는 것과 사랑하는 것을 구별할 수 있었다. - 루빈

하나의 항목에 긍정적인 대답을 한다고 해서 다른 항목들에 대해서도 반드시 긍정적인 대답을 하는 것은 아니라는 점에서 사랑함의 기준과 좋아함의 기준 사이에는 상당한 차이가 있었다. 여성보다도 남성의 경우에 좋아하는 것과 사랑하는 것의 관계가 가까웠다. 상관 계수가 남자는 0.56, 여자는 0.36으로 나타난 것으로 볼 때 여성 쪽이 이 두 가지의 감정을 엄밀하게 구별하고 있음을 의미한다. 이 결과를 보면 여성이 싫어하는 남성과 결합할 가능성은 남성이 좋아하지 않는 여성과 결합할 가능성보다 컸다.

여성에 대한 남성의 사랑 점수와 남성에 대한 여성의 사랑의 점수는 거의 같았다. 이것은 남성이나 여성이나 같은 정도로 연애를 경험하고 있음을 보여주는 것이다.

그러나 여성은 남성보다도 동성의 친구를 사랑하는 경향이 있었다. 그것은 어른이 되어 다른 남성의 도움을 받는 남자는 '여자 같은 남자'라는 비난을 받을 우려가 있지만, 여성의 경우에는 본질적으로 성에는 관계없이 애정이 깊기 때문이라고 볼 수 있다.

좋아함의 점수도 성적 차이가 분명했다. 여성은 사랑하는 것과 좋아하는 것을 남성보다 뚜렷하게 구별했으며, 상대가 자신을 좋아하는 것 이상으로 상대를 좋아하게 되는 경향이 있었다. 남성은 로맨틱한 기분이 들지 않으면 상대 여성과 함께 다니는 것을 꺼렸지만, 여성은 좋아하는 감정만 있으면 상대 남성과 함께 나갈 수 있다는 태도를 보였다.

루빈은 그의 실험 기준의 타당성을 검토하기 위해서 방에서 실험을 기다리고 있는 커플들의 시선이 교차하는 모습을 관찰했다. 그 결과는 참으로 흥미로웠다.

사랑함과 좋아함의 평균적 점수

구분	여성	남성
파트너에 대한 사랑의 점수	91	90
파트너에 대한 좋아함의 점수	89	85
친구에 대한 사랑의 점수	65	54
친구에 대한 좋아함의 점수	80	78

이 기준에 의하면 여성이 남성보다 파트너를 더 좋아하는 것을 알 수 있다. 여성은
또한 남성보다 동성에게 사랑을 느끼기 쉬운 것으로 보인다. — 루빈

많이 사랑하는 커플의 경우, 서로 눈길을 마주치는 시간이 길었
다. 무의식중에 서로 열중하여 보고 있는 연인들은 '내 눈은 당신을
위해 있어요'라는 서정적인 노래를 연상시킨다. 시선을 교차시키는
기쁨은 좋아할 때보다 사랑할 때에 볼 수 있는 특징이라 하겠다.

연애와 탐닉

대개의 사람들은 연애하는 것과 탐닉하는 것을 구별하고 싶어 한
다. 그러니까 사랑은 성숙함, 영속적, 이성적, 애타적이라고 생각하
지만 탐닉하는 것은 어린아이 같고, 일시적, 비이성적, 이기적이라
고 생각하는 것이다.

유감스럽게도 이 구별은 경험적인 방법으로는 쉽게 확인되지 않는다. 이것은 평가에 따라서 결정되는 것일 뿐 실체가 있는 것이 아니기 때문이다. 다시 말해서 두 사람의 관계가 이상적이고 유효하다면 연애라 부르고, 부적당하고 바람직하지 못하면 탐닉하고 있다고 말하는 것이다.

이렇게 해서 다른 사람들의 로맨틱한 경험은 자기 자신의 경우와는 다르게 탐닉으로 보기 쉽다. 또한 지금 교제하고 있는 관계는 참된 연애로 보지만 이전에 지나가 버린 관계는 탐닉했었다고 넘겨버리는 것이다.

현실적인 사랑과 로맨틱한 사랑

현실적인 사랑과 로맨틱한 사랑의 차이가 평가에 따라 구별되는 것은 아니다. 지금까지 설문조사에 의해서 이 두 가지 사랑은 어떻게 해서 생겨나는 것인지 확인하는 연구가 진행되어 왔다.

미국의 사회학자 D.H. 녹스는 기혼자가 독신자보다 사랑에 대해서 현실적인 생각을 하는 경향이 크다는 것을 발견했다. 결혼에 얽힌 관습을 경험하면서 사랑의 본질에 대한 태도가 현실적으로 다가오는 것이 어쩌면 당연한 일일 수도 있으며, 특히 여성의 경우는 결혼을 한 후 사랑에 대한 로맨틱한 감정을 남성보다 지속시키지 못하는 것이 아닌가 하는 추측을 해본다.

또한, 녹스는 부모가 이혼했거나 사별한 사람의 경우, 부모와 함께 살고 있는 사람보다 사랑에 대해서 로맨틱한 감정을 더 느낀다는 것을 발견했다. 이것은 흥미 있는 연구 결과이지만 그 이유는 아직 확실하게 밝히지 못했다. 부모와 함께 살고 있는 사람은 아무래도 부모의 부부싸움을 보면서 남녀관계를 지나치게 이상적으로 보는 것은 옳지 않다고 판단했을지도 모른다.

반대의 경우라면, 부모와의 애착관계나 정통적인 지지가 부족해 로맨틱한 정사와 같은 타인과의 밀접한 관계를 갖고 싶다는 강한 욕구를 느끼는 것일지도 모른다.

연애의 형태

토론토대학의 존 리는 사랑에 대해서 보다 포괄적인 유형을 완성했다. 인간관계의 다양한 측면, 즉 시작하는 방법, 친밀하게 되는 데 소요되는 시간, 심한 질투를 느끼는가의 문제, 논쟁의 종류와 횟수, 결렬과 화해 등을 망라한 긴 설문을 분석하여 서로 거의 관계가 없는 세 가지의 일차적인 유형을 밝힌 것이다.

그는 이 세 가지가 직접적인 육체의 매력, 관능성, 자신감, 매혹적인 아름다움, 파트너와의 지극히 친밀하고 밀착된 관계 등을 특징으로 하는 에로스와 장난의 요소가 많고 쾌락적이며 상대를 구속하지 않는 루두스, 정이 넘치고 우애적이나 뜨거운 열정이 부족한 스트루스라고 말했다.

또한, 이 세 가지의 일차적인 유형이 서로 뒤섞인 세 가지의 유형

또한 제시했다. 열광적이고 강압적이며 질투심이 많은 마니아, 실제적이고 현실적인 관계를 요구하는 프라그마, 애타적이고 참을성 있게 순종하는 아가페가 그것이다.

존 리가 제시한 이러한 여러 유형의 사랑이 서로 어떻게 관계하는가를 다음과 같이 기하학적으로 나타낼 수 있다. 두 가지 형태의 사랑의 거리는 모두 그 사이의 차이, 또는 불일치의 정도를 나타내고 있다.

연애의 유형

존 리는 상당히 독립된 연애의 세 가지 유형을 구별했다. 즉 에로스, 루두스, 스트루스가 그것이다. 이것들 사이에는 몇 가지의 혼합형과 교차형이 있는데, 그것은 마니아(강박적 사랑), 프라그마(현실적 사랑), 아가페(애타적 사랑)이다.
도표에서 멀어질수록 사랑에 대한 접근이 그만큼 일치하지 않는 것으로 보인다.

— 존 리

연인관계에 있는 두 사람이 사랑에 대해서 전혀 다른 접근을 한다면 그 갈등을 피할 수 없다. 예를 들면, 루두스 형의 남성은 스트루스 형의 여성이 현상을 유지하려는 것에 화를 낼지도 모르고, 루두스 형의 여성은 자신의 육체를 소유하기 위한 장난을 하는 것에 불과하다고 남성을 비난할지도 모른다.

에로스 형은 당장 친밀한 관계를 갖고 싶어 하고, 스트루스 형의 사람은 성 교제를 뒤로 미룸으로써 그 가치를 높이려 한다.

연인이 둘 다 스트루스 형이면 관계가 가장 오래 갈 것으로 생각되고, 둘 다 루두스 형이면 오래 가지 못할 것이다. 물론 루두스 형의 연인은 관계가 지속되고 있는 동안은 가장 즐거울 것으로 생각된다. 즐거움이야말로 그들이 추구하는 것이기 때문이다.

대개 두 사람은 여러 형태의 사랑을 경험하게 되지만, 그 중에서도 특히 좋아하는 형태는 하나로 집약될 것이다.

사랑을 하는 시기

필라델피아의 사회학자 윌리엄 케파트는 18세에서 24세까지, 약 1천 명가량의 대학생에게 연애와 탐닉에 대한 경험을 설문지를 통해 물었다. 처음 연애를 경험하는 나이는 대개 13세였으며, 사랑을 경험하는 나이는 17세였다. 그리고 어느 경우에나 남자는 약 6개월 정도 늦는 편이었다. 여자 쪽이 탐닉하는 경험의 횟수가 훨씬 많았고, 연애의 경험도 조금 많은 것으로 나타났다. 그러나 20세가 지나면 남성의 로맨틱한 경험의 누적 횟수는 증가하지만 여성은 현저히 줄어들었다.

케파트는 결혼이 임박하면 여성은 과거의 연애는 연애로 인정하지 않는다고 해석한다. 이것은 성인 여성이 성인 남성보다 로맨틱한 쪽으로 향해가는 기분을 이성적으로 억제함을 뜻한다.

미국 대학생이 보고한 로맨틱한 경험

구분	여자	남자
평균적인 탐닉 횟수	5.6	4.5
평균적인 연애 횟수	1.3	1.2
최초의 열중 나이 평균	13.0	13.6
최초의 연애 나이 평균	17.1	17.6

여성은 남성보다 어린 나이에 로맨틱한 경험을 하는데 그 대부분이 십대에 이루어진다. 특히 결혼 후에는 남성이 여성보다 로맨틱한 경험을 더 많이 한다.

— 케파트

일반적으로 믿고 있는 것과는 반대로 여성이 남성보다 연애로 상처받는 일도 적으며, 연애에 대해서 강박관념을 갖는 일도 드물다. 존 리에 의하면 남성이 에로스와 마니아의 경향을 보이는 데 반해서 여성은 프라그마와 스트루스를 좋아한다고 한다.

애정관계에서는 남성보다 여성이 냉정하다는 위의 사실들은 몇 가지 연구에 의해서 확인되고 있다. 여성은 남성보다 이성의 외모에 별로 큰 비중을 두지 않는 것으로 나타났으며, 사회 계층이 교차하는 경우, 여성이 자신보다 하층인 사람과 결혼하는 일은 남성보다 적다.

케파트의 연구로 밝혀진 바에 의하면, 참으로 간단히 이성에게 끌리는 비율이 남성이 여성의 약 2배나 차지했다. 이와 관련해서 연상의 여성을 사랑하는 경험이 있는 남성은 61퍼센트로 연하의 남성을 사랑한 여성의 수가 배나 되었다.

마지막으로 연애에 대한 남녀의 태도의 차이는 '당신이 이상적이라고 생각하는 특징을 모두 그 사람이 갖추고 있다면 설사 그를 사랑하고 있지 않아도 결혼하겠는가?' 하는 질문에 대한 대답에서도 나타난다.

남성의 약 3분의 2가 '아니오'라고 대답했으나 여성은 3분의 1 이하만이 '아니오'라고 대답했다. 여성이 남성만큼 신체적인 매력에 가치를 두지 않는 것은 차치하더라도 여성은 결혼 상대를 선택할 때 분명히 남성만큼 사랑에 비중을 두지 않는다.

어떤 여성은 이렇게 대답했다.

"만약 한 남자가 내가 바라고 있는 특징을 모두 가지고 있지만, 내가 그를 사랑하고 있지 않다면…… 하지만 그때부터 마음을 돌리려 노력한다면 사랑할 수 있지 않겠어요?"

이것은 여성의 심리를 대변해 주는 아주 명쾌한 실용주의적 표현이라 할 수 있을 것이다.

연애를 하고 싶어 하는 경향에 결부된 성격 변수도 몇 가지 있다. 이러한 변수의 하나는 내부 통제라는 것이다. 내부 통제자는 자율적인 사람으로 자신의 인생행로를 스스로 힘과 훌륭한 판단력으로 좌우할 수 있다고 생각한다. 외부 통제자는 자신을 어찌할 수 없는 운명과 같은 외부의 힘의 제물이라고 생각한다.

토론토대학의 케네드 다이언과 카렌 다이언은 경험의 여러 측면에 대한 질문에 근거해서 이 두 가지 성향의 사람들을 비교했다. 예측한대로 내부적으로 통제된 사람은 외부 통제자만큼 많은 연애 경험이 없었다. 로맨틱한 매력을 느꼈을 때조차 이들은 그것이 신비롭고 변하기 쉬운 것이라고 생각하지 않았는데, 외부 통제자에 비하면 로맨틱한 사랑을 이상화해서 보는 것에 대해 심하게 반발했다.

남성에 비해서 여성이 로맨틱한 것에 끌린 경험이 많은 것 같지만, 그것에 대한 태도가 현실적이고 실제적이라는 것은 연구를 통해서 드러났다. 예를 들면, 사람은 몇 번이나 사랑을 하고, 한꺼번에 몇 사람을 사랑할 수 있다고 인정하는 것은 남성보다도 여성 쪽에 많다.

연애 중이라고 대답한 사람의 생활을 비롯한 전체적인 상황을 통해 이와 같은 통제와 밀접한 관계가 있다는 사실을 알아냈다. 사회학자 에블린 뒤발은 약 3천 명 정도의 청년들을 대상으로 현재 연애 중인지 아닌지를 설문지로 묻고, 그 외에도 그들의 사회적 배경이나 장래 계획에 대해 상당히 많은 정보를 모았다.

연애 중이라고 대답한 소년 25퍼센트, 소녀 36퍼센트의 십대들은 아무래도 부모의 가치를 긍정하고 싶지 않은 모양이었다. 그들은 부모의 결혼생활을 무시하는 경향을 보였으나, 일찍 결혼하려고 생각하며, 되도록 빨리 학교에서 벗어날 계획을 세우고 있었다. 뒤발은 이 연구 결과를 다음과 같이 해석했다.

'청년기의 연애는 자아 동일성을 요구하는 십대의 경향을 반영하고 있다. 그것은 결혼을 장래성이 없는 생활면에서의 도피로 생각하는, 자기 개념이 낮은 젊은이에게 생기기 쉬운 것이다. 하지만 자신의 가정이나 직업에 만족할 수 있는 자아 동일성을 발견하는 십대는 부모와의 인연을 끊고 청년기의 연애를 발전시킬 필요를 그다지 느끼지 않는 것이다.'

로미오와 줄리엣 효과

가족이나 가정을 높이 평가하고 있는 청년보다도 부모에게 반항적인 경향을 보이는 청년의 집단에서 더 많이 연애를 하는 경향을 보인다는 것을 알았다. 그런데 두 사람 중 어느 한 쪽의 부모가 싹트기 시작한 관계에 반대를 하거나 방해를 하려고 하면 어떻게 될까? 그럴 경우 반대로 두 사람의 관계를 더욱 강화시키는 결과가 빚어진다.

리차드 드리스콜은 콜로라도 주의 볼다에서 데이트 중인 커플과 결혼한 커플에 대한 연구를 통해 부모의 방해를 강하게 받고 있는 커플의 애정 척도 점수가 높은 것을 발견했다. 다시 몇 개월 후에 실시한 추적 연구에서는 부모의 방해가 심해지면 커플 사이에 애정의 척도를 반영하는 정열도 증가하는 것으로 밝혀졌다.

마찬가지로 루빈은 같은 종교에 속하고 있는 커플에 비해서 종교가 다른 커플이 애정 척도가 높은 것을 발견했다. 물론 이 결과는 교제를 시작한 지 18개월 이내의 커플만 해당된다. 단, 여기에는 종교가 다른 커플의 이혼율이 높다는 것을 생각해야 한다. 즉, 어떤 일정한 조건 아래에서는 관계를 깨뜨리거나 방해할지도 모르는 장애물이 생기면 설사 일시적이라 할지라도 로맨틱한 사랑의 꽃을 피우게 하는 것이다. 이 효과에 대한 한 설명으로 태도 변용의 '인지적 불협화설認知的 不協和設'이라는 것이 있다. 이 이론은 다음과 같이 설명할 수 있다.

'모든 것이 우리를 반대하지만 그래도 우리는 하나다. 그러므로 우리는 뜨겁게 사랑해야 한다.'

사회적 고립은 부모가 찬성하지 않는 파트너와 연애 중이라는 의식을 강하게 만드는 데 도움을 줄지도 모른다. 어떤 이유로 가족과 말썽을 빚고 있는 젊은 커플이 가족을 대신하는 사회단위, 즉 약혼이나 결혼을 함으로써 단결을 요구하는 것은 당연하다.

약한 결합은 부모의 압력을 받으면 깨어지고, 깊고 강한 결합만으로 남을 가능성이 있음을 잊어서는 안 된다. 이것도 또한 언제까지나 연애 관계를 지속하고 있는 커플의 애정 점수와 부모의 압력 사이의 상관관계를 높이는 데 기여하고 있다.

성취하기 어려운 사랑

연애관계에 대한 반대가 모두 외부에서 오는 것은 아니다. 때로는 상대의 소극적인 태도가 장애로 작용하는 경우도 있다. 그런데 이 장애가 연애 감정을 더욱 증진시키는 것이 아닐까? 사랑의 상대가 쉽게 응해 주지 않으면 구애자는 오히려 상대를 높이 평가하게 된다. 그래서 구애자에게는 더욱 매력적인 상대가 되는 것은 아닌지 알아보기 위해서 몇 가지의 실험을 했다.

예를 들면, 엘레느 왈스터는 컴퓨터로 선택한 남자들에게 그들의 상대로 가정되어 있는 여자들에게 전화로 데이트 신청을 하게 했다. 사실 그들의 상대자는 실험의 협력자로 동일한 여자였다. 그녀는 남성들의 절반에 대해서는 데이트 신청을 해 준 것에 감사하다고 기쁜 말투로 말해 주고, 간단하게 기꺼이 응해 줄 것처럼 행동했다.

그러나 남은 절반의 남자들에게는 다른 데이트 약속이 많이 있고, 더 이상은 새로운 교제를 갖고 싶지 않다고 약간은 귀찮다는 듯 대하며 단지 커피를 함께 마시겠다는 약속만을 했다.

이런 대화 뒤에 남자들에게 상대 여자에게서 받은 인상을 평가하게 했다. 그러나 이 실험의 결과도 다른 비슷한 몇 가지 실험의 결과와 마찬가지로 성취의 어려움에 대한 가설을 뒷받침할 수는 없었다. 희망을 달성할 수 있는 어떤 조건 아래서도 여자는 같은 정도로 좋다고 생각된 것이다.

성취하기 어려운 상대 쪽이 쉬운 상대보다 정열을 일으키게 하지 않는다는 사실을 확인한 왈스터는 자신의 가설을 수정하기로 했다. 특정한 한 사람에게 열을 올리고 있지만 다른 사람들에게는 까다롭게 군다고 평가받는 상대가 아마 가장 이상적일 것이다.

이 '선택적이기 때문에 어렵다'는 가설을 검증하는 실험 방법이 고안되었는데, 앞서의 실험과 비슷한 컴퓨터 데이트였다.

이 실험에서 대체로 성취하기 어렵지 않은 여성도 있었다. 그녀는 컴퓨터로 자신에게 배당된 상대와 기꺼이 데이트할 의사를 밝혔기 때문이다. 하지만 어떤 여성은 성취하기 어려웠다. 즉, 자신에게 배당된 남자와 특별히 성의 있게 데이트를 하려고 하지 않았기 때문이다. 제3의 여자는 선택적이었다. 상대와의 데이트는 하고 싶어 했으나 그의 경쟁 상대에 대해서는 흥미를 보이지 않는 것이다. 다른 두 여자는 자기의 기호에 대한 것은 아무것도 상대에게 말하지 않고 데이트를 했다.

남성은 다소 까다로운 여성을 좋아한다

구분	사람에 따라 어렵다	한결같이 어렵다	한결같이 쉽다	정보가 없다
여성과 데이트 할 것을 선택한 남성 수	42	6	5	9
데이트 상대를 얼마나 좋아하는가에 대한 평가	9.4	7.9	8.5	8.6

컴퓨터 데이트의 선택을 받는 남성은 다른 남성에게가 아니라 자기 자신에게 관심을 보인 여성을 좋아하는 경향이 있다. – 왈스터

이번 실험에서는 가설이 옳다는 것이 입증되었다. 선택적인 여자가 5명 중에서 가장 인기가 높았고, 어느 경쟁 상대보다도 호감을 샀다. 이 연구는 데이트를 하기 위해 접근해 오는 상대를 처음에는 말수가 적고 신중하게 선택하는 사람이 매력적으로 보인다는 것을 확인시켜 준다. 다시 말해서 성취하기 어려운 상대라고 생각한 쪽이 오히려 첫 만남을 갖게 된 후에는 잘 되어 가는 것이다.

로맨틱한 파트너로서의 자격이 자신에게 충분히 있음을 누구에게

설득하기 위해서 많은 시간과 정력을 쏟으면 상대에 대한 사랑은 점점 강해지고, 언제까지나 쇠퇴하지 않는 것 같다.

아마 무의식중에 다음과 같은 논리가 세워져 갈 것이다.

'이 사람의 애정을 얻기 위해서 무척 노력을 들였다. 그러니까 그 사람은 특별한 사람일 것이다. 그래서 나는 그 사람을 무척 사랑하고 있다.'

상대를 성취하기 위한 수고가 크면 클수록 소유하고 싶어지는 일반적인 원리는 많은 실험을 통해 사실로 확인되고 있다. 그 예 중 하나는 전문가 양성과정에 참가하는 학생 선발에서 나타난다. 학생들의 절반은 검사와 면접을 포함해 엄밀한 선발절차를 거쳤고, 나머지 절반은 그 과정에 대한 상세한 설명만 해주었다. 그리고 학생들 전원을 합격시켰다. 그러나 전자의 집단 쪽은 선발이 엄격하다고 믿었기 때문에 그 과정에 임하는 태도 역시 매우 적극적이었다.

이와 관련된 다른 몇 가지 실험에 대해서는 호감 변이현상을 떠올리면 좋을 것이다. 처음에 냉담하게 행동하면 상대는 당신을 성실하고 아무에게나 애정을 보이지 않는 신뢰할 수 있는 사람이며 사회적으로 필요한 인물이라고 생각하게 될 것이다. 이렇게 되면 나중에 예의 바르고 따뜻한 태도를 보여줬을 때 상대가 이것을 안심과 감사의 마음으로 받아들이게 되며 존경심과 자존심이 조화를 이루게 된다.

구애자가 쫓아다닐 만한 가치가 있는 상대라고 생각하고, 게다가 아직 체념해 버릴 정도로 실망하지 않았다면 성취되기 어려운 듯 행동하는 것은 구애자의 사랑을 강하게 만드는 데 도움이 된다고 할 수 있을 것이다.

연애의 감정

연구를 통해 알 수 있는 것은, 정열적이고 로맨틱한 사랑의 발전을 이루어가는 온갖 요인 중에서 언제나 가장 확실하게 나타나는 것은 감정의 흥분이라는 것이다. 감정의 경험은 적극적인 성질을 띤 것, 즉 소인극(주: 전문가가 아닌 사람들이 연출하는 연극), 등산, 또는 시험에 합격하는 것에서 생기는 흥분이나 성취감, 기본적으로 불유쾌한 위험, 공포, 고통 등 타인과 공유하는 형태로 일어나는 것이 이상적이다.

콜롬비아대학의 스탠리 잭터가 행한 고전적 연구는 실험에서 불안감을 느낀 사람들이 같은 상황에 놓인 사람들에 대해서 친화감을 갖는 경향이 있음을 보여 주었다. 이는 서로 모르는 여학생들의 전기 쇼크의 생리적 효과에 대한 실험에 의해 드러났다. 여학생들에게는 이 전기 쇼크가 생리 조직을 영구적으로 손상시키는 일은 없지만 약간의 고통이 따를 것이라고 말했다. 나머지 학생들에게는 전기 쇼크가 간지럽고 찌릿찌릿한 느낌을 주는 것뿐이라고 말했다. 10분 정도 실험을 하는 동안 여학생들은 설문에 대답했다.

질문의 하나는 실험에 참여할 때 혼자서 하는 편이 좋은가, 아니면 다른 피실험자와 함께 하는 편이 좋은가 였다. 그 결과 불안이 높은 그룹의 학생들 쪽이 자신과 같이 심하게 불안을 느끼는 피실험자와 함께 참여하기를 2배나 많이 원했다. 불안할 때는 대인적인 접촉을 필요로 하는 것으로 나타난 것이다.

불안은 친화에 관계한다

요인	함께 있기를 원한다	아무래도 좋다	혼자 있기를 원한다
심한 불안	20	9	3
약한 불안	10	18	2

잭터의 전기 쇼크 실험에 참가하기 위해서 기다리고 있는 피실험자는 혼자서 기다릴 것인가, 아니면 같은 상황에 있는 다른 사람들과 함께 대기실에서 기다릴 것인가를 선택했다. 대단히 불안한 피실험자의 태반이 다른 사람과 함께 기다리는 쪽을 택했다.

또한 도널드 더튼과 아더 아론이 행한 실험에서는 불안이 성적인 흥분을 높이는 것으로 나타났다. 이번에는 공포감을 일으키는 높은 곳에 매단 다리와 일반적인 다리, 이렇게 두 가지 형의 다리를 이용해 남성들을 실험했다. 매단 다리는 230피트나 되는 절벽을 가로질러 위태위태하게 흔들리고 있어서 사람들은 낮은 밧줄 난간을 잡고 천천히 건너가야 했다.

이 두 다리를 건너가고 있는 남성들에게 매력적인 여성 면접자가 접근해서 질문했다. 그 결과 성과 관련된 대답이 많았던 쪽은 매단 다리를 건넌 남성들 쪽이었다.

면접자는 또한 더 자세한 얘기를 하고 싶다고 각각의 남성들에게 자신의 전화번호를 가르쳐 주었다. 그러자 매단 다리를 건넌 남성들 가운데서 그 후에도 그녀와 접촉하고 싶어 하는 사람이 많았다.

이 실험에서도 알 수 있듯이 공포는 사람의 마음을 매력과 사랑으로 향하게 한다. 이것은 불륜의 사랑 쪽이 사회적으로 인정되는 연애보다 훨씬 오래 남는다는 통설과, 전쟁 중에 로맨스가 특히 많아지는 이유를 설명해 주고 있다.

사랑의 귀속 이론

잭터는 연애를 유발하는 이유가 될 만한 감정적 흥분에 대해 재미있는 결론을 내렸다. 즉, 어떤 감정에는 두 가지의 다른 단계가 있다는 것이다.

첫째 단계에서는 생리적인 흥분 경험, 예를 들면, 호흡이 빨라지고 심장이 두근거리는 것이고, 둘째 단계는 특정한 감정에 대해서 노여움, 공포, 사랑과 같은 이름을 붙이는 것이다. 이 이름을 붙이는 방법은 다른 사람으로부터 직접 배우기도 하고, 언론매체를 통해서 학습되는 수도 있다. 인간은 (1) 생리적으로 흥분하고, (2) 그 흥분이 사랑이라는 이름에 걸 맞는다고 결론 내렸을 때에만 사랑을 경험한다.

귀속 이론은 피실험자에게 일반적 흥분 반응을 일으키는 아드레날린 약물을 주사하는 실험으로 그 근거를 얻을 수 있다. 피실험자의 감정 경험은 상황을 어떻게 인식하고 평가하는가에 따라 달라진다. 즉, 그 약물이 어떤 효과를 가져온다고 생각하는가, 같은 약물을 사용하고 있다고 생각되는 사람들이 어떤 행동을 할 것으로 예상하는가에 달려 있다.

'사랑'이라는 이름이 붙으면 성적 흥분이 특히 잘 일어난다. 이 사실은 많은 이론가들이 지금까지 성적인 만족과 불만을 로맨틱한 사랑의 촉진 요인으로 내세우는 이유를 말해준다. 얼핏 보기에 성적인 만족과 불만은 전혀 모순되는 것처럼 보여도 귀속 이론에 의하면 간단히 설명이 된다. 성적 만족이 있든 없든 어느 한쪽의 이유 때문에 매력적인 상대를 앞에 놓고 흥분하는 사람은 남녀를 불문하고 적절한 상황만 주어지면 자신의 감정을 사랑의 부류에 넣어 버린다.

노스캐롤라이너대학의 스튜어드 벨린스는 어떤 여성이 자신을 흥분시켰다고 오해를 했을 경우에도 전보다 더 마음이 끌리게 된다는 것을 보여 주었다.

《플레이보이》지에서 뽑아낸 일련의 세미누드 사진을 남학생들에게 보이고 그때의 심장 박동 수를 거짓으로 그들에게 알렸다. 어떤 사진을 봤을 때는 심장박동 수가 증가했지만, 다른 사진에 대해서는 반응이 없었다고 한 것이다. 그리고 나서 학생들에게 심장 박동 수가 증가했다는 사진을 다시 보여주자 학생들은 뜻밖에도 그 사진을 좋아했다. 한 달 후 전혀 다른 상황 아래서 학생들을 면접했으나 그 효과가 그때까지도 남아 있었다.

귀속이론은 사랑에 대한 연구 결과의 직관적인 관찰에 적용할 수 있다. 부모의 반대, 타인에 의한 이별, 거부, 공포, 흥분과 같은 촉진 효과는 어느 것이나 이 이론 속에 포함시킬 수가 있다. 연인과의 다툼이 애정을 되살리는 역할을 한다는 것이 이 이론에 의하여 설명되는 동시에 마조히즘과 같은 도착 현상도 이 이론으로 이해 할 수 있다.

이 귀속이론만큼 확실하게 사랑의 감각이 왜 슬프고, 질투하고,

두려워하고, 기뻐하는 등의 전혀 동떨어진 감정의 요소를 일체화할 수 있는지를 설명할 수 있는 이론은 없다. 즉, 이런 여러 가지 흥분 경험이 로맨틱한 정열에 불을 붙일 수 있는 것이다.

실연

사랑하는 일이 지극히 감정적인 과정이라면 하나의 연애 사건이 종말을 고할 때도 같은 정도로 마음이 흐트러지기 마련이다.

브리지포트대학의 도로시 테노프는 연애의 여러 단계에 관련이 있는 고통과 고뇌의 정도를 연구했다. 17세에서 26세까지의 미혼 남녀들을 대상으로 실시한 조사에 의하여 응답자들의 60퍼센트가 사랑에 대해서 심한 회의를 느낀 적이 있고, 25퍼센트는 자살을 생각한 일이 있다는 것이 밝혀졌다. 특히 실연에서 재기하려고 하는 응답자들은 불안감을 가졌고, 우울하며, 남을 사귀기가 고통스럽다는 점에서 일치했다. 상대를 거부해야 했던 일에 대해서는 많은 사람들이 죄책감과 걱정을 나타냈다. 이에 반해서 친구를 잃었을 경우에는 상대를 거부 했을 때만큼 괴로워하지 않았다.

몇 년 전, 미국의 사회학자 클리포드 커크패트릭과 세이도어 캐플러는 이루어지지 못한 로맨스의 영향에 대해 매우 상세한 연구를 했다.

1백 명의 학생들을 대상으로 한 이 연구에서는 경험한 실연 회수, 회복하는 데 소요된 시간, 참고 있을 때에 깨닫게 된 자기의 도착 징후에 대한 조사가 이루어졌다. 그들은 평균적으로 2회 정도 사랑이 깨졌다고 했는데, 그 횟수는 남녀 학생 사이에 별로 차이가 없었다. 학생 시절의 연애 중 약 절반은 깨어진 것이다.

연애 관계가 깨어지는 주된 이유가 서로 관심이 없어졌기 때문이라는 것이 남학생 47퍼센트, 여학생 38퍼센트의 대답이었다. 이 학생들에게는 거의 슬픔이 따르지 않았던 것으로 여겨진다. 그러나 과반수의 사례에서는 사랑의 파탄에 대해서 일방적인 이유가 열거되었다.

누군가 다른 사람에게로 관심이 옮겨갔기 때문에 관계를 중단하는 일은 남성이 15퍼센트, 여성이 32퍼센트로 여성이 많았다. 이것은 헤어지는 첫째 이유로서 상대의 관심이 다른 사람에게 옮겨간 때문이라고 대답한 비율은 남성 30퍼센트, 여성 15퍼센트로 남성이 여성의 배나 됐다는 것과 일치한다.

이것은 여성을 남성의 냉혹한 배신의 희생물로 여기는 일반적인 생각과 모순된다. 로맨스 파탄의 일방적인 결정이 내려질 때 그 결정을 하는 것은 분명히 여성 쪽이 많다.

약 과반수의 학생은 관계가 끝난 뒤에 별다른 후유증을 느끼지 않고 곧 회복할 수 있었다. 틀림없이 이 학생들의 대부분은 서로 흥미를 잃었기 때문일 것이다. 그러나 일방적 결정의 희생자인 학생들은 매우 불행했다. 둘이서 잘 갔던 장소를 몇 번이나 찾아가고, 지난날의 편지를 되읽거나 못 잊어하면서 새로운 상황에 적응하지 못하고 방황하는 경우가 많았다.

실연에 대한 학생들의 반응

반응 양성	남성(퍼센트)	여성(퍼센트)
자주 만났던 장소에 몇 번이나 간다	11	10
자주 만났던 장소를 피한다	3	3
우연한 만남을 피한다	5	5
우연한 만남을 시도한다	6	4
즐거웠던 일만을 생각한다	16	16
불쾌했던 일만을 생각한다	2	4
파트너의 일을 꿈꾼다	16	11
헛된 공상에 빠진다	14	11
상상에 의해 재인식한다	6	8
닮았기 때문에 좋아하거나 싫어하거나 한다	6	5
모방적인 매너리즘에 빠진다	2	2
기념품을 간직하고 있다	7	11
옛 편지를 되풀이해서 읽는다	7	9

연애가 꼭 긍정적인 것만은 아니다. 짝사랑이었거나, 두 사람의 관계가 깨어진 뒤
에는 특히 연애가 고뇌의 원인이 된다. 많은 사람들은 그 전의 상태로 돌아가기까
지 오랜 시간이 걸린다. —커크패트릭, 캐플러

　정신생활의 면에서도 영향이 있었다. 여성보다도 남성의 경우에
서 지난날의 연인의 꿈을 꾸거나, 공상을 하거나 하는 일이 많았다.
이것은 남성이 시각적인 경향을 가지고 있음을 반영하는 재미있는
사실이다. 또한 두 사람의 관계 중 즐거웠던 일 쪽이 불유쾌한 장면
이나 에피소드보다도 훨씬 많이 마음에 남아 있었다.
　우리는 흔히 현재의 행복을 과거의 행복에 관련시켜서 판단하곤

한다. 그런데 연인과의 즐거웠던 시간들을 헤어진 후에도 기억하고 있다는 것은 역설적인 것 같기도 하지만 체념적이고 방어적인 자세보다 훨씬 깊은 상처를 받았음을 의미한다.

여성의 경우가 깨어진 사랑의 상처에서 회복하는 데 남성보다 시간이 조금 더 걸렸다. 그리고 일부이기는 하지만 대단히 긴 시간이 걸리는 사람도 있었다. 실제로 남성의 7퍼센트, 여성의 11퍼센트는 회복하는 데 일 년 이상의 기간이 필요했다.

사랑하는 사람을 잃은 경험에는 사별과 지극히 유사한 점이 있지만 어떤 면에서는 훨씬 나쁠지도 모른다. 사랑하는 사람의 죽음에 의한 종결은 운명적이고 결정적인 데 반해서 연인의 경우에는 다시 한 번 관계를 회복시켜야 하는가, 잃어버린 상대를 되찾아야 하는가 하는 마음의 갈등을 크게 느끼는 일이 많기 때문이다. 그리고 용기를 내어 해보지만 실패를 거듭하고 괴로워할지도 모른다. 상대에게 버림을 받으면 자존심을 상실하는 수도 있을 것이다. 사별의 경우에는 그런 일이 없다.

02. 매력의 평가

매력이란 사람의 마음을 끄는 보이지 않는 힘이다. 때문에 그 실체에 대해서 서술하는 것은 어려운 일이어서 감각적으로 받아들여야 더 쉽게 다가올 것이다. 철학자, 예술가, 작가 등 수많은 사람들이 몇 세기에 걸쳐서 매력의 정의에 대해서 설명해왔지만 확실한 결론은 얻지 못했다.

매력은 머리카락의 색깔이나 눈과 눈 사이의 거리, 얼굴의 구성요소 등으로 분석하는 것보다는 전체의 인상이나 짜임새를 느낌으로 받아들이는 것이다. 그런데 개인과 문화의 선호도에 따른 다양성 때문에 일반적인 원칙 따위가 없는 것이 아닐까 싶다.

매력에는 심미적인 아름다움, 성적인 만족도 등 다양한 요소가 있다. 그리고 원하는 것이 패션모델인가, 파트너인가, 놀이 상대인가, 아니면 다른 어떤 것인가에 따라서 평가가 달라진다.

이 장에서는 현재까지 알려져 있는 증거의 범위 안에서 매력에 대한 정의를 분석하고자 한다. 아울러 맨 처음에 성적인 관심을 결정하는 시각적인 신체 특징에 초점을 맞추기로 한다.

물론 이와 같은 것은 배우자 선택이나 사랑에 빠지는 과정에서 중요한 전제 조건이긴 하지만 이야기 전체를 구성하는 필요충분조건은 아니다. 이 장에서는 직접적인 신체의 매력에 대해서 설명하기로 한다.

매력, 그 힘

무엇이 매력적인가 하는 점에 대해서는 여전히 논쟁이 계속되고 있지만 이것이 사회학자들의 연구에 지장을 주는 요인은 아니다. 사회학자들은 그들의 개념에 인위적 정의를 부여한다. 즉, 측정 방법에 의해서 변수가 발생하는 것이다. 이 책에는 5단계 기준을 사용하였다.

이러한 표준적 평가 기준을 적용하면 매력의 정의에 대해서 상당한 의견 일치를 볼 수 있으며, 이를 증명하는 연구가 있다.

노스이스트 일리노이대학의 학생들에게 여성의 슬라이드 사진 84매를 제시하고 그녀들의 매력에 대해 평가하게 했다. 그리고 이 결과를 분석해보니 평가자들 사이에 놀라울 정도로 비슷한 결과가 나왔다. 남성 평가자와 여성 평가자를 비교해도 큰 차이가 없이 거의 완전한 일치를 보인 것이다.

성적(신체적)매력의 기준

1	전혀 매력적이지 못하다
2	조금 매력적이다
3	적당히 매력적이다
4	상당히 매력적이다
5	아주 매력적이다

평가의 조건

1. 이성에게 어느 정도나 매력적이라고 생각하는지를 위의 기준을 가지고 표시하되 평가받는 사람의 성격에 대해서는 무시하도록 했다. 또 입고 있는 옷이나 선입견도 무시하고 본래의 매력에 대해서만 평가하도록 했다.
2. 다섯 개의 사항을 다 같이 평가함과 동시에 기준 전체를 배분하여 평가하도록 했다.
3. 자료에 대해서는 반드시 비밀을 지키며 집단 연구를 위해서만 사용되었음을 알려주고 피실험자의 이름은 최종 분석 전에 삭제했다.

일치의 정도는 상관 계수를 써서 표시했다. 이 계수는 일치를 가리키는 1.0에서 시작해서 전혀 일치가 보이지 않는 0을 거쳐서 완전히 반대의 관계를 가리키는 −1.0에 이른다.

이 연구에서는 남녀 피실험자 사이의 평가 관계가 0.93이었다. 이것은 매력의 평가에 대해서 양성 사이의 일치도가 지극히 높다는 것을 뜻한다. 즉, 평가자의 연령, 사회적 지위, 지역적 연고, 성별은 여성미의 평가에 아무런 영향도 미치지 않는다는 것을 의미한다.

노스 스탠포드 유니버시티대학의 A.H. 아일리프는 일간신문의 독자 4천여 명에게 여성의 얼굴 사진 12장을 제시하고 아름다움의 관점에서 순위를 매기게 했다. 그 결과, 사진들이 보여 주는 매력의 정도 차이는 지극히 작은 것으로 나타났고, '대단히 아름답다'라든지 '못생겼다'고 할 만한 얼굴은 들어 있지 않았다. 그럼에도 불구하고 매겨진 순위에는 강한 공통점을 보였다. 즉, 남녀노소, 전문가와 미숙련자, 웨일즈 인, 스코틀랜드 인, 런던 시민 등 모두 0.8에서 0.95사이로 평가되었다.

매력에 대해서 평가자 사이에 높은 상관관계를 보이는 것은 두 가지 이유에서 매우 중요하다. 이것은 측정 기준에 대한 신뢰성이 높아 그 기능을 충분히 다하고 있으며, 매력의 개념에 대해서도 많은 것을 알려 주고 있다. 아름다움은 특정한 사람에게만 아름답게 보이는 것은 결코 아니라는 것이다.

여기에서 관찰된 선호도의 개인차는 전반적으로 일치한다고 말할 수 있는 범위 안에 있었다. 그러나 매력 평가의 일치도는 사진을 근거로 평가했을 때만 발견된다. 피실험자에 대한 정보가 보다 많이 주어지면 의견의 일치도는 낮아진다. 평가자가 피실험자의 생활상을 직접 보거나 면담을 하게 되면 평가 점수는 낮아지는 경향을 보이는 것이다. 그 이유는 걸음걸이, 말하는 태도, 눈을 깜빡거리는 모습, 웃는 태도 등 여러 가지 특징이 평가자에게 알려지면 평가자들은 각각 다른 특징에 주목하게 되기 때문이다.

누가 매력적인가를 결정하는 데에는 피실험자를 잘 알고 있는 친구보다도 피실험자를 모르는 사람들 쪽의 의견 일치도가 높다. 평가자가 피실험자를 잘 알고 있으면 신체적인 매력에 대해서 순수하게 판단하지 못한다. 아무래도 성격상의 특징도 판단에 영향을 주기 때문에 평가 기준만으로는 그런 경향을 막을 수 없는 것이다.

자신에 대한 매력 평가

사람들은 자기 자신을 얼마나 객관적으로 보고 있을까? 또한 자신과 다른 사람들 사이에는 자신에 대한 의견이 어느 정도나 일치할까? 실험에 의하면 이에 대한 평가는 평가자의 평가보다 자신의 평가가 상당히 낮다는 것이다. 실제로 코네티컷대학의 버나드 머스테인은 남성에게는 0.33, 여성에게는 0.24의 상관이 있음을 발견했다. 이것은 제한적이기는 하지만 매력에 대한 주관적 평가와 객관적 평가의 차이가 상당히 낮다는 것을 보여주는 결과다.

내가 본 내 모습과 다른 사람이 본 내 모습에 의견이 일치하지 않는 것에 대해서는 실마리의 혼란 효과와 관련해서 설명하는 것이 좋을 것이다. 자기 자신에 대해서 가장 잘 알고 있는 사람은 자기 자신이다. 다른 사람으로서는 알 수 없는 정보를 가지고 있는 사람이 바로 자신이기 때문이다. 그러나 성적 매력을 연구하는 입장에서 본다면 주관적 평가보다 객관적인 평가가 타당하다고 볼 수 있다. 또한 자존심과 겸허함에 개인차가 있는 것도 잘못 판단하는 원인이 된다. 사람들 중에는 자신을 과대평가하는 사람이 있는가 하면, 반대로 남의 눈에 띄기 싫어하는 사람도 있다는 것을 유의해야 한다.

겸허함이 얼마나 평가에 방해가 되는지는 웨스트 버지니아대학의 노먼 케이비어 박사의 연구에서 잘 나타나고 있다. 그에 의하면 무려 여학생의 4분의 3이 자기 자신을 육체적 매력이 없는 사람으로 생각하고 있었다. 여성들이 진심으로 그렇게 생각하고 있는지 어떤지는 분명하지 않지만, 케이비어 박사는 많은 여성들이 자신들의 불완전함에만 마음을 빼앗겨서 다른 사람들의 결점과 자신의 결점을 냉정하게 비교하지 못한다는 결론을 내렸다.

남성이 추구하는 여성의 매력

일반적으로 매력은 성에 근거한다. 성의 특징이 두드러지면 두드러질수록 더 매력적이고, 더 자극적이라는 말이 성립된다. 다시 말해서 이러한 특징을 더하면 더할수록 그만큼 성적 매력은 증가하게 된다.

그런 면에서 성형수술이나 메이크업의 목적은 기본적으로 그 특징을 더하는 것, 즉 과장하는 것이라고 할 수 있다. 메이크업은 여성의 얼굴이 남성의 얼굴과 다른 점, 예를 들면, 동그란 입술, 가느다란 눈썹, 부드러운 피부, 수염이 없는 턱을 강조하는 행위이다. 가슴이 탄력을 잃어 매력이 상실되면 수술로써 교정하는 것도 그 중 한 예라고 할 수 있다.

여성의 가는 허리와 상대적으로 큰 엉덩이도 중요한 성적 자극이 된다. 이것은 생물학적 근거에 의한 것이지만 사회적인 통념이 규정지은 부분도 있다. 예를 들면, 남성도 머리나 손톱을 자르지 않으면 여성과 같이 길어지지만, 여성의 머리나 손톱이 긴 경우에만 섹시하고 여성적이라고 보는 견해가 그것이다.

여성의 이상적인 매력이 무엇인지를 알고자 할 때 미인 선발대회를 떠올리면 도움이 될 것이다. 지방에서부터 시작하여 전국적인 최종 심사 뒤 마지막으로 한 여성이 그 해의 최고 미녀라는 영광의 관을 쓰게 된다. 바로 그 여성의 특징이 남성이 여성에게 요구하는 것이 무엇인지 알게 해 주는 확실한 근거가 된다.

최근 몇 년 동안의 미인 선발대회 우승자를 살펴보면 신체 사이즈가 평균 35-24-35인치로 확인된다. 이러한 조건은 해가 바뀌어도 거의 변하지 않는다. 그러나 심리학자들은 미인 선발대회가 완벽한 여성의 이상적인 모습을 제시하고 있다고는 보지 않는다. 미인선발대회의 심사자들이 절대적 전문가도 아니며, 남성을 대표하는 사람이라고 할 수도 없다. 그저 기묘하게 짜인 예능 관계의 사람들이 평가하는 것일 뿐이다.

미인 선발대회의 심사는 엄격하게 작성된 평가기준이 있는 것도 아니고, 통계적으로 근거가 있는 것도 아니다. 심사자가 일반적으로 대략 이럴 것이라고 추측해서 발표한 것이 오히려 진짜 일반적인 견해와 반대되는 일도 있다. 게다가 기혼여성이나 영화 스타 등은 제외된다. 또한 미인 선발대회에 참가하면 품위가 손상된다고 생각하는 사람들이 있기 때문에 참가 여성의 범위도 제한적이다. 그리고 신체적 매력 이외에 많은 요인도 심사자들의 판단에 끼어든다. 예를 들면, 흔해빠진 면접에 대한 응답 태도, 입고 있는 의상, 거기에 더하여 최종 우승자는 개인과 동시에 국가에도 영향을 미치기 때문에 정치적인 고려도 개입될 수 있다. 하지만 이런 일을 모두 포괄적으로 고려한다 해도 선택되는 여성이 지극히 매력적이라는 것은 부정할 수 없다.

여성의 성적 매력이 발휘되는 또 다른 경우는 《플레이보이》 지와 같은 남성용 잡지에 나오는 사진들이다. 이러한 여자들의 통계상 대표적인 치수는 37-24-35인치이다. 미인 선발대회와 비교해 보자면 가슴은 조금 더 크고, 허리와 엉덩이는 거의 같다는 것을 알 수 있다. 평균 신장은 미인 선발대회보다 좀 작은데, 그것은 아마 미인 선발대회 참가자들과 같이 멀리 떨어져 있는 무대에서 심사를 받는 일과는 다르기 때문일 것이다.

이러한 여성들과 어떤 기준을 적용해도 두드러진 성적 매력을 갖는다고 할 수 없는 여성 그룹을 살펴보면 다음과 같다. 하나는 《보그》 지와 같은 여성용 잡지에 나오는 패션모델들이다. 그녀들은 특히 가슴이 빈약하고 허리를 비롯한 몸 전체가 가늘어서 몸매가 모래시계 형태의 효과가 나지 않는다. 다소 극단적이기는 하지만 그들 중에는 신체 치수가 31-24-33인치인 여성도 있다.

또 하나의 비교 대상은 대략 37-28-39인치의 평균적인 영국 여성이다. 물론 이런 몸매의 여성은 다른 그룹의 여성보다 나이가 많고 전체적으로 덩치가 큰데, 특히 허리가 굵고 엉덩이가 크다. 이와 같은 비교에 의한다면 여성의 성적 매력은 가는 허리와 그와는 대조적으로 큰 가슴과 엉덩이에 의해서 높아지는 것을 알 수 있다.

육체의 볼륨은 탄력이 없거나 늘어져서는 안 된다. 말하자면 이상적인 여성은 젊어야 한다는 이야기이다. 물론 브래지어나 코르셋 같은 보정 속옷을 이용해 몸매가 망가지는 것을 늦추거나 감출 수 있을지 모르지만 그것에는 한계가 있다.

매력의 선호도

미인 선발대회에서 우승한 여성이나 잡지에 나오는 여성들은 남성들이 매력적으로 생각하는 여자의 평균상이라고 해도 좋을 것이다. 그들이 남성들 사이에서 매력적인 여성으로 의견의 일치를 보이는 것은 주목할 만하다. 그러나 의견이 일치했다고는 하더라도 집단적 선호도와 개인적 선호도에는 다소의 차이가 있다.

옥스퍼드에 위치한 원포드 병원의 앤드류 매튜스는 지나치게 야하지 않은 포르노 책과 패션 잡지 등 다양한 자료에서 수집한 일련의 여성 사진을 남성들에게 보여 주었다. 사진 속의 여성은 옷을 전부 입은 것, 전라의 것, 그리고 비키니나 속옷 등 부분적으로 옷을 입은 것 들이었다.

지금까지의 연구와 마찬가지로 이 연구에서 어느 여성이 가장 성적으로 주목받는가 하는 문제 제기에 대해서 대부분의 답이 일치했다. 가장 주목받는 여성은 '매력적인, 자극적인, 우아한, 젊은, 가냘픈' 등의 단어로 묘사되었다. 반면, 그렇지 않은 여성에게는 '천박한, 엉덩이가 가벼운, 매춘부, 늙은, 땅딸막한' 등의 표현이 사용되었다.

  다음과 같은 개인차도 보였다. 내향형의 사람은 외향형의 사람보다 옷을 단정히 입고, 마른 여성을 좋아했다. 그리고 자신도 모르게 누드나 풍만한 여성에게서 압박감을 느끼고, 마르고 사려 깊은 용모를 가진 여성에게서 마음의 편안함을 느끼는 경향을 보였다. 동성애를 하는 남성들은 중성적이고, 옷차림이 단정하고, 품위가 있고, 새침하고 청결한 성향의 여성을 좋아했다.

  마지막으로 사회적 계층에 따른 차이도 분명했다. 육체적인 노동자는 유행을 좇는 여성보다 보수적이고 옷차림이 단정한 여성을 좋아했다. 그런데 '오랫동안 사귈 상대로는 어떤 여성을 택하겠는가' 하는 질문에 대해서는 대부분의 남성이 우아하고, 상식적이고, 단정한 여성을 원했다. 즉, 일시적인 놀이 상대가 아닌 자신과 삶을 함께할 여성을 구할 때는 섹시하고 자극적인 여성을 기피하는 경향을 보인 것이다.

  좋거나 싫은 것을 결정할 때 여성의 신체 중에서 가장 눈에 띄는 부분이 어디인지에 따라서 남성은 가슴형 남자, 엉덩이형 남자, 다리형 남자의 세 집단으로 나눌 수 있다. 일리노이대학의 젤리 위긴스는 학생들에게 신체의 이 세 부분이 각각 다른 여성 누드의 실루엣을 평가하게 하고, 다시 그 여성들의 성격을 평가하게 했다. 그 결과 여성의 신체 중에서 가장 마음에 두는 부분이 어디인가에 따라서 남성을 분류할 수 있음을 발견하였다.

성격과의 관련에 대해서는 그 밖에도 몇 가지 흥미 있는 사실이 있다. 가슴이 큰 여성을 좋아하는 남성은 《플레이보이》 지의 독자이며, 애연가이며, 스포츠맨이며, 데이트를 좋아하는 경우가 많았는데, 그들의 성격은 외향적이고 취미는 남성적이었다. 대조적으로 작은 가슴을 좋아하는 남성은 술을 거의 마시지 않고, 정통파 그리스도교 신자이며, 자제력이 있으며, 순종적인 사람들이 대부분이었다.

여성의 체형에 대한 매력 선호도

신체 부분	크기	
	대	소
가슴	· 《플레이보이》의 독자 · 흡연자 · 스포츠맨 · 데이트를 좋아하는 사람	· 비음주자 · 신앙심이 깊은 사람 · 자제력이 있는 사람 · 순종적인 사람
엉덩이	· 강박 관념이 있는 사람 · 수동적인 사람 · 죄의식이 심한 사람 · 질서 욕구가 강한 사람	· 참을성이 많은 사람 · 스포츠에 무관심한 사람
다리	· 비음주자 · 복종적인 사람 · 자기 비하적인 사람 · 사교성이 없는 사람	· 외향적인 사람 · 현시욕이 강한 사람 · 낙천적인 사람 · 사교적인 사람
전체상	· 야심만만한 사람 · 음주자	· 참을성이 많은 사람 · 내향적인 사람 · 상류 계급의 사람

남성은 여성의 모습의 선호도에 따라 분류할 수 있다. – 위긴스

큰 엉덩이를 좋아하는 남성은 질서에 대한 욕구가 강하고, 강박관념을 가지고 있으며, 수동적이고, 죄의식이 심한 특징이 있었다. 반면, 작은 엉덩이를 좋아하는 남성은 참을성 있게 일하고, 스포츠에는 크게 관심이 없었다.

굵은 다리를 좋아하는 남성은 술을 거의 마시지 않고, 복종적이며, 자기 비하적이고, 사교적인 면에서는 소극적이었다. 또한, 가는 다리를 좋아하는 남성은 외향적으로 자기 현시욕이 강했다. 전체적으로 몸집이 큰 여성을 좋아하는 남성은 강한 성취욕이나 과음과 결부되고, 몸집이 작은 여성을 좋아하는 남성은 참을성이 많고 내향적이었다.

여기서 열거한 증거만으로는 인격역학人格力學 분야까지 거론할 수 없지만, 여성의 여러 체형에 대한 상이한 선호도가 남성의 성격이나 생활양식에 관련되어 있음이 분명했다. 스포츠를 좋아하고 외향적인 플레이보이 형의 남성이 큰 가슴을 가진 여성을 좋아한다는 것은 직관적으로도 알 수 있으며, 이는 매튜스의 연구와도 일치한다.

신체의 다른 부분과 비교되는 작은 가슴 때문에 강렬한 성의 상징을 가졌다고는 말할 수 없는 여성에게 편안함을 느끼는 남성은 복종적이고, 금욕적이고, 종교적이며, 내성적이라는 연구결과도 이 같은 사실을 뒷받침해 준다.

성적 선호도에 관련된 성격에 대해서 또 하나의 흥미로운 연구가 오하이오대학의 앨빈 스코델에 의해서 진행되었다. 그는 수동적 · 의존적 욕구가 강한 구순적口脣的 성격을 가진 남성은 가슴이 큰 여성을 좋아한다는 프로이트의 학설을 재검토했다.

그 결과 의존심이 강한 남성이 실제에 있어서는 오히려 작은 가슴을 좋아한다고 하는 프로이트의 학설에 반대되는 결론을 얻었다. 이와 같이 큰 가슴을 좋아하는 것이 유아기의 구순적 욕구 불만에서 유래한다고 하는 프로이트의 생각은 아직 경험적으로 실증된 것이 아니다.

여성을 매혹시키는 것

남성이 매력을 느끼는 여성의 신체적 특징은 대체적으로 인지하기가 쉽지만, 여성이 매력을 느끼는 남성의 신체적 특징은 신비에 싸여 있다. 여성은 남성의 외모에는 별로 관심을 갖지 않기 때문에 적어도 판단의 기본은 무척이나 복잡하다. 많은 남성들이 믿고 있는 것과는 반대로 여성은 근육이 울퉁불퉁한 팔이나 페니스의 크기, 또는 포경인가 아닌가 하는 것에는 거의 관심을 보이지 않는다.

뉴욕의 《빌리지 보이스》지는, 100명의 남성에게 '신체의 어느 부분이 여성을 가장 흥분시킨다고 생각하는가'에 대한 설문조사를 실시했다. 이어서 여성 100명에게도 '가장 매력적이라고 생각하는 남성의 신체적 특징'에 대해 조사했다. 양쪽 모두 남성을 성의 대상으로만 보는 것은 비정상이 아니냐 하는가에 항의가 있었지만, 명확한 답변이 강요되자 결과는 남성과 여성이 크게 달랐다.

남성은 여성이 근육질적인 가슴이나 어깨, 팔, 꽉 끼는 바지로 인해 알 수 있는 큰 페니스를 좋아하는 것으로 생각했다. 그러나 여성은 이런 것에는 별로 관심이 없다고 주장했다. 그 대신에 가장 호감이 가는 남성의 특징으로 작은 엉덩이를 드는 사람이 많았다. 그 지지율은 약 39퍼센트나 되었다. 그리고 이외에 매력적인 부분으로는 훤칠한 키, 호리호리한 몸, 그중에서도 특히 군살 없는 배, 표정이 풍부한 눈 등을 꼽았다.

여성이 매력을 느끼는 남성의 신체 부위에 대한 오해

신체부위	남성이 생각하는 여성의 호감도(%)	여성의 실제 호감도(%)
키	13	5
머리카락	4	5
눈	4	11
목	2	3
가슴과 어깨	21	1
팔	18	0
허리	7	13
배	9	15
엉덩이	4	39
페니스	15	2
다리	3	6

남성과 여성 모두에게 여성이 가장 좋아하는 남성의 신체 부위를 지적하게 했다. 그 결과 여성이 좋아할 것이라고 남성이 생각한 것과 여성이 실제로 좋아하는 것은 대부분 반대였다. ─《빌리지 보이스》지의 조사

남성의 신체에 대한 여성의 선호도를 조사한 또 하나의 연구가 시카고에 있는 로욜라대학의 폴 라브라카스에 의해서 이루어졌다. 다수의 여성에게 실시한 심층 면접에 근거해서 그는 가장 의미 있는

신체 부분을 팔, 다리, 상반신, 하반신이라고 판단했다. 그래서 신체 각 부위의 사이즈가 상대적으로 다른 남성의 실루엣을 몇 가지 그려서 18세에서 30세까지의 여성 70명에게 평가하게 했다.

이 조사에 의해서 밝혀진 이상적인 남성의 체형은 적당히 마른 하반신과 적당히 벌어진 상반신이 V자형을 이루고 있는 모습이었다. 상반신이 빈약하든지 하반신이 퍼져서 서양 배 모양을 한 체형은 가장 인기가 없었다.

성격에 의한 차이도 많았다. 외향적이고 발랄한 여성은 체격이 큰 남성을 좋아하는 반면, 신경질적이고 지나치게 약물에 의존적인 여성은 마른 체형을 좋아하는 경향을 보였다. 또한 보수적인 여성은 개방적인 젊은 여성보다 전반적으로 굵직한 체형을 좋아했다.

특이한 선호도에 대해서는 여성이 자기 자신의 체형, 또는 자기가 가장 소중하다고 생각하는 남성과 유사한 체형을 좋아하는 경향이 있다고 하면 근접한 설명이 될 것이다. 따라서 비만형의 여성, 또는 비만형의 남성과 연애 중인 사람은 비교적 뚱뚱한 체형을 선택하고, 반대의 입장에 대해서도 마찬가지였다. 애연가나 약물 상습 복용자가 마른 남성을 좋아하는 이유도 이런 관점에서 설명될 수 있을 것이다. 그런 여성들은 대부분 마른 체형이었다.

키에서 오는 남성의 매력

큰 키는 남성의 매력 중 하나이기는 하지만 키와 매력의 관계는 복잡하기 때문에 조심해서 다룰 필요가 있다. 우선적으로 남성의 키가 여성보다 큰 것이 일반적이다. 그렇다면 절대적인 신장과 마찬가지로 상대적인 신장도 중요할지 모른다. 예를 들면, 남성이 여성보다 5~6인치 정도 큰 경우가 여성에게 가장 매력적으로 보인다. 신장의 차이가 크면 여성은 자신의 용모가 돋보이지 않는다든지, 커플로서 어색해 보일 것이라고 느낄지도 모른다.

신장에는 사회적인 지위가 크게 작용한다.

오스트레일리아 국립대학의 폴 윌슨은 신장과 지위의 관계를 연구했다. 그는 한 남성을 각각의 학생들에게 학생, 조교, 강사, 조교수, 교수로 틀리게 소개한 후 학생들에게 그 남성의 신장을 추정하라고 했다. 그 결과 지위가 가장 높이 올라갔을 때 학생들은 2.5인치나 큰 것으로 추정했다.

이 결과는 여러 가지 방법으로 검증되었다. 《월 스트리트 저널》지가 피츠버그대학 졸업생들에게 행한 조사에서는 신장이 6피트 2인치 이상인 남성은 6피트 이하의 남성보다 12.5퍼센트가 많은 급료를 받고 있었다.

한 다른 연구에서는 신입사원 140명을 대상으로 판매 업무에 종사한다는 가정 아래 신장을 한쪽은 6피트 4인치, 다른 쪽은 5피트로 제시하고 어느 한쪽을 선택하게 했다. 그러자 키가 작은 쪽을 택한 사람은 불과 1퍼센트인데 비해 72퍼센트는 키가 큰 사람을 택했고, 27퍼센트는 어느 쪽도 선택하지 못했다.

남성의 체격에 대한 여성 선호도

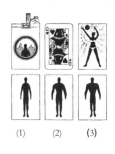

(1)   (2)   (3)

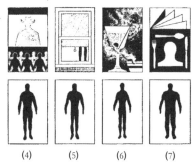

(4)   (5)   (6)   (7)

(1) 신경질적이고 외모에 관심을 가지며 담배를 많이 피운다.
(2) 마르고 담배를 많이 피우며, 술은 마시지 않는다. 카드놀이를 좋아하고, 스포츠를 좋아한다.
(3) 젊고 외향적이며, 술도, 담배도 하지 않는다.
(4) 평범하고 카드놀이를 좋아하고, 자주 영화를 즐기며, 스포츠는 하지 않는다.
(5) 경험이 풍부하고, 여성 해방형이며, 남성과 생활하고 있다.
(6) 반항적이고, 술을 즐기며, 약물을 사용하고 있다.
(7) 비만형으로 너그럽고, 보수적이며, 책을 많이 읽는다.

－ 라브라카스 리포트

   1900년 이래 미국 대통령은 주요 후보자 중, 키가 큰 쪽이 선출되었다는 사실도 이에 해당되지 않을까?

   신장과 남성의 사회적 지위 사이에는 분명히 관련이 있고, 사회적

지위도 또한 남성의 총체적 매력의 중요한 결정 요인의 된다. 이것
으로 신장과 남성의 매력 사이에는 어느 정도의 관련성이 있다고 생
각할 수 있다.

건강과 활기로 본 매력의 포인트

남녀 누구나 매력의 기준으로 삼는 또 하나의 조건은 건강이다.
상대의 건강이 나쁘다고 불평하는 사람들은 상대에게 모성적이거나
보호자적 반응은 보이지만 섹시한 느낌을 받는 일은 거의 없다. 한
마디로 건강한 배우자가 호감을 얻는 것은 확실하다. 또한, 윤기 흐
르는 건강한 피부도 미인이 되는 기본 요건의 하나다. 피부는 건강
상태를 나타내는 훌륭한 지표가 되기 때문이다. 또 한 가지, 삶에
강한 의욕을 나타내는 사람에게 마음이 끌린다. 동기, 창조성, 호기
심 등은 성적 매력을 결정하는 데 중요한 역할을 한다.

개성이나 활기가 매력과 관계된다는 것은 시카고대학의 에카드헤
스의 연구에 잘 나타나 있다. 그는 한 여성의 똑같은 사진 두 장을
준비해 하나의 사진은 동공을 크게 수정한 후 이것을 남성들에게 제
시하고 평가하게 했다.

그 결과, 이 두 장의 사진의 차이를 지적하는 일은 거의 불가능함
에도 불구하고 대부분의 남성은 동공이 큰 사진을 매력적이라고 했
다. 보고 있는 사물에 강한 흥분을 느끼거나 흥미를 느끼면 동공이
확대된다는 것은 잘 알려져 있는 사실이다. 이것은 어쩌면 인간이

무의식중에 전달하는 성적 신호가 아닌가 생각한다.

얼굴의 평균화

매력에는 얼굴의 특징 또한 중요하다. 균형이 잘 잡히고, 상처가 없는 깨끗한 얼굴이 매력을 만드는 데 기여한다는 것은 분명한 사실이다. 이 점에 대해서는 프란시스 갤튼 경이 개발한 합성 초상화 기법에 의해 교묘하게 입증되었다. 그는 전혀 다른 사람들의 얼굴을 부분적으로 노출해서 음화지에 이중으로 프린트했다. 그러자 얼굴의 공통된 특징은 남고, 흠이나 특정한 부분들은 지워졌다. 그 결과 굉장히 인상적인 얼굴로 변모했다. 즉, 완전히 이상적이고, 예술적이며, 기묘할 정도로 아름다운 얼굴로 다듬어진 것이다. 개개인의 특징은 일정하지 않지만 합성된 것은 항상 일정했다(《인간의 능력 탐구》 1883년).

갤튼의 연구 결과에 따르면, 아름다운 얼굴에 필요한 것은 단 한 가지, 극단적인 부분이 없어야 한다는 것을 보여 주었다. 예를 들면, 코가 지나치게 길어도, 지나치게 짧아도 안 되며, 눈과 눈 사이가 너무 붙어도, 너무 떨어져도 안 된다는 것 등이다.

여기에 건강의 증표인 매끄럽고 흠이 없는 피부를 가미하면 아름다운 얼굴이 만들어진다. 이 얼굴과 평균화 과정, 예를 들면, 평균적인 영국 부인들의 가슴, 허리, 엉덩이 사이즈의 통계에 따른 체형과 비교해 보자. 그렇게 본다면 체형은 예외적으로 좋아야 하지만 얼굴은 특별히 아름답지 않아도 된다는 결론에 이르게 된다.

물론 얼굴의 평균화는 남녀 따로따로 합성했기 때문에 적어도 남자의 얼굴과 여자의 얼굴은 구분된다. 이런 차이가 이성을 돋보이게 하는 매력이라고 볼 때, 다른 부분을 조금 과장한다면 매력을 높일 수 있다는 것도 예측할 수 있다.

여성은 메이크업으로 남성의 얼굴과는 차이가 나도록 강조한다. 흔히 아름답다고 하는 여성은 큰 눈, 가는 눈썹, 부드러운 피부색과 같은 특징을 지니고 있다. 마찬가지로 남성의 경우는 털이 많고 남자다운 얼굴 생김, 즉 탄탄한 턱, 짙은 눈썹, 건강한 피부를 가졌을 때 잘생겼다고 말한다. 그러나 양성의 차이에는 진화론적인 한계가 있기 때문에 차이가 너무 크면 매력이 반감된다.

매력에 대한 문화적 차이

신체적 매력에 대한 판단은 미인의 문화적 표준에 영향을 받는다. 인류학자들은 무엇이 매력을 형성하는지에 대해서 보편적으로는 일치하지 않는다고 주장한다. 아랍인들이 풍뚱한 여성을 선호하는 것이나 미개민족에게서 볼 수 있는 축 늘어진 가슴에 대한 선호는 문화적 차이를 보여 주는 가장 대표적인 예라 하겠다. 그러나 이러한 예외적인 사례가 있다고 해서 타당한 일반적인 견해를 무시할 수는 없다. 이러한 부분은 상이한 문화 속에서나 동일한 문화 속의 상이한 개인에게 존재하는 극단적인 예라고 보아야 한다.

이러한 변화에 대한 설명은 매력이라는 속성에 관련이 있는 다른 특징 속에 있는지도 모른다. 예를 들면, 영국 문화에서 햇볕에 탄 피부가 관심을 끄는 것은, 스키장이나 뜨거운 지방에서 휴가를 즐기고 온 특권을 가진 계층을 의미하기 때문이다. 또 다른 문화에서는 비만이 풍족한 생활과 직결되기 때문에 높이 평가받는 것인지도 모른다. 그러나 이런 특수성들을 고려한다고 해도 미인 선발대회에서 뽑힌 여성들은 부러움과 동경의 대상이 된다.

아름다움은 사회에 따라서 그 기준이 조금씩 다르기는 하지만, 여성의 전반적인 매력의 중심이 남성의 경우와는 달리 외모에 있다는 점에서 보편적인 의견의 일치를 보이는 것은 주목할 만하다.

이 부분에 대해서는 세 가지의 해석이 있다.

첫 번째는 이 분야에 있어서 남성 인류학자가 압도적으로 많다는 사실과 연관되며, 두 번째는 매력의 가치를 권력이나 결정권에 있는 계층의 성 차별에 비해서 2차적인 것으로 여기는 사람들의 주장과 연관된다. 이들의 해석에 의하면 여성을 선택하는 기본 조건은 많지 않기 때문에 외모가 그 중의 하나라고 하는 것은 사회적 불평등의 결과라는 것이다. 정치적 권력과 경제적 특권이 남녀 사이에서 재분배될 때 비로소 여성의 외모에 대해서 상대적으로 중점을 두는 일은 없어질 것이라고 보는 견해다.

세 번째로 생각할 수 있는 것은 성의 차이에 대한 생물학적 기초의 가능성이다. 영장류가 이성을 끌어들이는 진화에 대한 연구는 사회가 달라져도 변하지 않는 양식으로, 남성이 여성에게서 나오는 시각적인 신호에 대해서 본능적으로 반응한다는 것을 보여 준다.

|남|녀|의|성|심|리|리|서|치|

Loves Mysteries-The Psychology of Sexual Attraction

제2강

선택을 위하여

03. 선택의 기준

남성은 배우자를 선택할 때보다 자동차를 선택할 때 훨씬 더 신중하다고 한다. 너무나 터무니없는 말이지만, 아내보다 자동차와의 마찰이 더 적다는 뜻에서 생겨난 우스갯소리일 것이다. 자동차를 선택할 때는 신뢰도, 속도, 승차감 등 선택의 판단 기준이 비교적 적다. 하지만 배우자를 선택할 때는 이와 비교할 수 없을 만큼 훨씬 많은 판단 기준이 있고, 이러한 기준에 대한 정보는 보통 개개인을 알아가는 과정에서 조금씩, 그리고 가능한 범위 안에서만 얻을 수 있다.

결혼상담소 역시 손이 미치는 범위 안에서 나이, 학력, 취미가 대체로 같은 누군가를 소개하는 것일 뿐, 선택에 있어서는 최소한의 도움밖에 주지 못한다.

이 장에서는 두 사람이 어떻게 결혼에까지 이르게 되는가 하는 문제, 즉 부부가 되기 위해서 중요한 신체적·심리적 속성과 일단 성립된 관계의 장기적인 전망이 예측 가능한가 하는 문제에 대해서 고찰하고자 한다.

배우자 선택의 기준

장래를 함께할 사람을 상품 가치라는 점에서 값을 매긴다는 것은 냉혹하고 비인간적이라고 생각될지 모르지만 이런 일은 감정이나 의식 단계에서 실제로 행해지고 있다. 누구나 배우자를 선택함에 있어서 중요하게 생각하고 있는 기준이나 조건, 예를 들면, 외모, 지능, 사회적 지위, 재산, 유머감각, 기질, 이용가치 등의 목록을 가지고 있다. 가능성이 있는 파트너는 이러한 조건 하나하나에 대해서 평가를 받고 그 평가 결과는 각 조건에 부여하는 중요도에 따라서 달라진다. 조건을 평가하는 중요도는 가산되어 후보자의 적격 점수가 된다.

이 과정은 무의식중에, 대개는 잠시 사이에 이루어진다. 복잡하게 생각될지도 모르는 이 과정은 우리의 두뇌가 하루에도 수천 번이나 순간적으로 하는 계산의 전형적인 것이다.

배우자 선택에 사용되는 조건의 목록과 각 조건의 상대적 중요성은 사람에 따라서 다르다. 또한 파트너를 선택하는 진짜 목적이 무엇이냐에 따라서도 바뀐다. 일시적인 성관계가 목적인가, 남의 눈길을 끌만한 데이트 상대가 목적인가, 아니면 결혼이 목적인가에 따라서 바뀌는 것이다. 그러나 어떤 상대를 선택하든 적용할 수 있는 일반적 법칙도 있다. 누구와 하나가 되는지 결정될 때에 효력이 나타나는 중요한 몇 가지 요인이 연구에 의해 밝혀졌다.

외모에 대한 인식

파트너에게 가장 중요한 특성은 흔히 성격, 정직성, 성실성, 온화함과 같은 덕목이다. 한마디로 신체적 매력은 그다지 중요한 것으로 내세우지 않는다는 것이다. 그러나 여기에 외모가 파트너를 선택하는 데 있어서 압도적으로 중요하다는 것을 보여주는 인상적인 연구 결과가 있다. 사실 현실적인 상황에서는 외모 이외의 요인은 거의 들어 있지 않았다.

외모의 우위성이 가장 두드러진 것은 첫인상에 대한 연구에서였다. 두 사람이 어떻게 상대를 좋아하게 되는가를 연구하는 과정에서는 블라인드 데이트(주: 소개로 만나는 남녀 간의 데이트)가 좋은 도구로 작용했다. 그날 밤 주최자가 고른 파트너를 상대하는 조건으로 댄스파티의 입장권을 받게 되는데, 댄스파티에서 어느 정도 파트너가 마음에 드는가, 앞으로도 교제를 계속하고 싶은가 하는 것을 묻는 식으로 파트너에 대한 의견을 평가한다. 이 연구에 의해서 분명해진 것은 파트너의 신체적 매력과 파트너가 좋아지는 정도 사이에 밀접한 관계가 있다는 것이 밝혀졌다.

위스콘신대학의 엘레느 왈스터는 이 결과를 검토하기 위해서 입장권을 구하려는 학생들의 매력을 평가했다. 그리고 학생들은 인격, 지능, 사교성과 같이 데이트 상대에게 좋은 인상을 주는 데 중요한 작용을 한다고 생각되는 요인에 대해서도 평가했다.

일단, 남성이 여성보다 반드시 키가 커야 하는 것을 조건 하에 학생들은 무작위로 짝지어졌다. 실험이 이루어지는 도중, 데이트 상대가 어느 정도나 좋아하는가, 다시 만나고 싶어 하는가 하는 등을 확인하기 위해서 설문지를 나누어주었다. 그 결과 데이트 상대에게 신체적 매력이 있을수록 호감을 느낀다는 것이 밝혀졌다. 성격이나 지능과 같은 그 밖의 조건은 별로 중요하지 않았다. 순수하고 단순한 신체적 매력만이 문제가 됐는데 이것은 남성도, 여성도 마찬가지였다.

누가 봐도 매력적이지 못한 사람에게 로맨틱한 애정을 나타내는 사람이 있다고 해서 별로 이상할 것은 없다. 아무튼 학생들이 데이트 상대를 얼마나 좋아하는가를 결정할 때 압도적으로 중요한 것이 외모였다는 사실이다. 물론 성격, 재능, 사교성이 어느 정도의 역할을 했을 것이라고 생각하는 사람도 있겠지만, 파트너 관계를 지속하면 서로에 대해 알 수 있는 시간이 늘어가면서 매력 이외의 조건의 중요성이 훨씬 커질지도 모른다. 그러나 외모는 제일 먼저 사람의 눈길을 끄는 것이기에 다른 조건이 모두 고려되기 위해서는 그 전에 먼저 외모 기준에 합격해야 한다.

선택의 심리

블라인드 데이트에 의한 방법은 거부에 대한 두려움을 전혀 일으키지 않는다는 의미에서 인위적이다. 배정된 파트너끼리는 교제를 계속하고 싶지 않은 경우에도 최소한 그날 밤만은 예의를 갖추어야 한다. 그러나 실생활에서 호감을 얻지 못하는 타입의 사람일 경우 당연히 자기 분수 이상을 바라면 거절당할지 모른다고 생각할 것이다. 따라서 자신과 같이 호감이 적은 사람을 상대로 데이트하기를 원할 수 있다.

이러한 '요구 수준'의 문제는 미네소타대학의 엘렌 버쉐이드에 의해서 연구되었다. 그는 하나의 실험 장면을 설정했다. 피실험자들에게 데이트 상대를 적극적으로 선택하도록 한 것이다.

먼저 이성들의 사진을 보여 주고 그 중 누구와 만나고 싶은지를 질문했다. 그 결과 피실험자, 특히 여성 쪽은 매력 수준에서 자기와 같은 상대를 택함으로써 현실적인 경향을 보였다. 실패에 대한 두려움이 무난한 선택을 하게 하는 것 같았다.

우리의 실험을 통하여 남성과 여성 모두 한편으로는 대단히 매력적인 상대를 바라면서도 필요하다면 썩 마음에 들지 않아도 상대를 결정할 각오가 되어 있다는 것을 알 수 있다. 즉, 연애라는 도박에서는 인간의 야심이 자신의 신체적 매력의 정도에 좌우되는 것이다.

매력의 유사점

사람은 누구나 신체적 매력이 자신과 너무 차이가 나지 않는 상대를 파트너로 삼고 싶어 한다. 따라서 데이트 중인 커플이나 부부는 실제 이 조건에 대해서 유사성을 보일 것이라고 생각해도 좋다.

플로리다대학의 어빈 실버맨은 학생들을 대학 밖으로 내보내서 사람의 눈에 띄지 않고 관찰할 수 있는 장소, 예를 들어 극장 로비 같은 곳에서 함께 있는 커플을 관찰하게 했다. 5단계의 기준을 사용해서 각 커플의 여성의 매력을 남성 관찰자가 평가하게 하고, 남성의 매력을 여성 관찰자가 따로 평가하게 한 것이다. 그 결과 데이트 중인 파트너들 사이에는 대단히 많은 매력의 유사성이 있음을 밝혀냈다.

실버맨은 또한 매력이 유사한 커플은 함께 있는 동안 손을 잡거나 팔짱을 끼고 걷는 등 신체적인 접촉이 상당히 많을 것이라고 판단했다. 자료에 의하면 중간 정도로 유사한 커플의 46퍼센트가 그러했다. 특히 가장 낮은 22퍼센트에 비해서, 매력 정도가 아주 유사한 커플에서는 60퍼센트가 매우 밀착한 채 스킨십을 나누고 있었다.

조금 독창적인 한 연구는 결혼사진을 몇 장 골라서 부부가 함께 찍은 사진을 잘라 부부를 따로따로 떼어 놓았다. 그런 다음 떼어 놓은 개개의 사진을 마구 섞어 놓고 본래의 짝을 모르는 판단자에게 사진 속 사람들의 매력을 평가하게 했다. 그 결과도 파트너들의 매력이 아주 일치해 있음을 보여주었다. 사진의 인물들은 자신과 아주 유사한 정도의 매력을 지닌 소유자를 파트너로 고르고 있었던 것이다.

이런 연구는 블라인드 데이트의 평가와 마찬가지로 외모가 데이트나 결혼의 상대를 선택할 때 대단히 중요한 위치를 차지한다는 것을 보여주었다. 그러나 이러한 연구에 있어서의 관련성이 반드시 완전하다고는 할 수 없다. 상대를 선택할 때는 외모에 관계없는 다른 요인도 작용하고 있기 때문이다. 두 사람의 외모의 차이가 클 경우 매력이 그다지 없는 사람들은 사회적 지위나 재산이나 육체적 기능과 다른 조건으로 그것을 보충한다.

왜 여성은 외모를 중요하게 여길까?

신체적 매력의 상품 가치는 남성보다 여성 쪽이 높다. 남성은 사회적 지위나 유머 감각과 같은 다른 특성으로 부족한 매력을 보충하기 쉬운데, 이것에 대해서는 두 가지 유형으로 설명할 수 있다. 그중 하나는 남녀가 상대의 여러 가지 조건에 할당하고 있는 중요도를 그들 자신에게 적용해 평가시키는 지극히 단순한 것이다.

캘리포니아대학 리차드 센터즈의 연구 결과를 보면, 남성이 가장 이상적으로 생각하는 여성의 조건은 육체적으로 성욕을 자극하는 매력과 애정의 표현 능력, 그리고 사교 능력이었다. 하지만 이와는 반대로 여성이 가장 이상적으로 생각하는 남성의 조건은 업적, 지도력, 경제적 능력이었다.

다른 연구자들은 위와 같은 결과가 사실인지 알아보기 위해서 데이트 횟수로 추측할 수 있는 인기도를 얼굴 생김새와 연관시켜 조사했다.

상대 이성에게 요구하는 중요 매력 포인트 순서

순서	남성	여성
1	일의 실적	신체의 매력
2	지도력	성애의 능력
3	직업상의 능력	애정의 능력
4	경제력	사교력
5	포용력	가사 능력
6	지적 능력	재봉 능력
7	관찰력	대인적 이해
8	상식	예술감각
9	스포츠의 능력	도덕 - 정신적 이해
10	이론의 능력	도덕 - 창조력

남성과 여성이 각각 파트너에게 중요하다고 생각하는 특징을 평가했다. 위의 표는 중요성의 순서로 그 특징을 나타내고 있다. - 센터즈

그 결과 남성보다 여성의 외모가 데이트의 인기 요인으로서의 훨씬 높은 비중을 차지하고 있음을 알았다. 예를 들면, 버쉐이드는 과거 14년 동안의 데이트 횟수와 매력 평가와의 관계가 여성의 경우 0.61이었는데 반해 남성의 경우는 단지 0.25였음을 발견했다. 재미있는 일은 남성의 외모는 이 경우에 거의 문제가 안 된다는 것이다.

그리고 보면 남성보다 여성의 외모가 중요시 되는 것이 사회적 조건 때문인지, 아니면 생물학적인 기원에 의한 것인지 의문이 생긴다. 최근에 여성들의 의식이 고양됨에 따라 이와 같은 성적 차이가 조금은 후퇴됐다고 볼 수도 있다.

그러나 한편으로는 영장류 진화의 원리가 생물학적 해석을 뒷받

침하고 있어 시각적으로 제시되고 있는 여성으로부터의 유혹 신호에 남성이 응하는 양식으로 진화해 온 것처럼 보이기도 한다. 그리고 그 기원을 충분히 설명할 수는 없지만 사회적 통념이 남성의 시각적인 반응을 더욱 중대시키는 작용을 하고 있다.

파트너 선택에서의 나이

일반적으로 사람들은 비슷한 나이의 파트너를 선택하는 경향이지만, 남성이 여성보다 평균 3세 정도 많은 것이 대부분이다. 이런 현상은 여성의 성숙이 빠르기 때문으로 보이지만, 이와 같은 현상은 십대의 커플에게만 적용될 뿐, 나이가 든 경우라면 달라진다. 여성의 매력과 남성의 위상에 따른 사회적 가치가 각각 다르다는 것을 깨닫는다면 설명이 될 것이다.

여성의 경우에 가장 중요한 것은 매력이지만, 그것은 나이가 들어가면서 급속히 상실되어 간다. 반면 남성의 위상은 나이와 함께 누적되어 상승한다. 따라서 남성의 사회적 가치는 나이가 들어가면서 일정 기간 동안 증가하지만 반대로 여성의 사회적 가치는 점차 감소한다. 다시 말해서 여성에 비해서 남성의 나이에 의한 외모의 쇠퇴는 지위나 그 밖의 조건으로 쉽게 보충된다.

남성의 매력은 외모일까? 능력일까?

영장류 집단을 관찰한 결과를 일반화해 보면 여성이 남성에게 가장 많이 요구하는 것은 지배력이 아닌가 하는 생각이 든다. 그러나 그것을 단순히 지배력이라고 하기에는 불충분하다. 여성은 남성이 자신에게 무엇을 해줄 것인지를 명령하기 전에 그가 기술과 지식을 가지고 있을 것이라고 생각하는 것이 보통이다.

플로리다 애트랜틱대학의 존 타피이는 신체적인 지배력과 능력에서 느낄 수 있는 남성의 매력을 여성이 인지할 때 상대적으로 어떻게 기여하고 있는가를 평가하기 위한 실험을 했다. 그는 80명의 학생에게 짝을 지어 주며 미로를 빠져나가는 과제를 주었다. 그 결과, 여성이 미로를 빠져나가는 길을 찾고 있는 동안 남성은 말이나 행동으로 그녀를 안내하는 역할을 한다는 것을 알 수 있었다. 그 과제 후에 여성은 '데이트 희망'이라는 항목에 자신의 상대를 평가했다.

여성은 지배적인 남성을 좋아한다

구분	몸으로 하는 안내	말로 하는 안내
유능한 남자	12.1	10.5
무능한 남자	7.2	8.0

(주: 득점수는 좋아하는 정도를 표시함)
만약 신체적으로 매력적인 남성이 유능하다면 아주 좋은 평가를 받았으나 무능하다면 가장 낮은 평가를 받았다. – 타피아

평가 결과, 신체적으로 매력적이고 유능한 남성이 가장 인기를 끌었다. 그러나 신체적으로는 매력적이었지만 지위를 확보하는 능력이 모자라는 남성은 인기가 없었다. 이로써 명백한 결론이 나왔다. 세련되지 못한 남성은 난폭한 방법을 써도 소용이 없었다. 여성이 거친 취급을 받더라도 관대하게 따른 것은 자기가 하고 있는 일을 확실히 이해하고 있는 남성에 대해서 뿐이었다.

타피아가 남녀의 역할을 바꾸어서 이 실험을 하지 않은 것은 아쉽다. 만약 그러한 실험을 했더라면 유능한 여성에게 지배당했을 때와 무능한 여성에게 지배 당했을 때의 남성의 반응도 알 수 있었을 것이다.

사랑과 오이디푸스 콤플렉스

파트너를 선택함에 있어서의 외모의 중요도와 함께 또 하나 눈길을 끄는 것이 정신분석 이론이다. 프로이트는 파트너를 선택하는 것은 부모의 대역을 찾는 것과 관계가 깊다고 생각했다. 그래서 남성은 어딘가 자신의 어머니를 닮은 여성에게 끌리고, 여성은 아버지를 연상케 하는 남성을 좋아하게 된다는 것이다. 프로이트는 이 현상이 남성의 경우에는 오이디푸스 콤플렉스, 여성의 경우에는 엘렉트라 콤플렉스에 뿌리박고 있다고 했다.

사랑의 본질에 대한 이론적인 논문 중에서 오스트레일리아의 정신의학자 G.L. 크리스티는, "의식적인 오이디푸스적 연모에 의해 남성은 어머니나 여동생, 또는 딸을 닮은 여성과 사랑에 빠진다"고 말했다. 그는 이 주장을 뒷받침하는 현실적인 증거는 아무것도 제시하지 않았지만 이것을 증명하기 위해, 찰스 디킨스가 아내의 사망 후 딸이 결혼하자 딸과 동년배인 젊은 여성과 연애사건을 일으킨 사실을 언급했다.

프로이트의 이론을 뒷받침하는 사실적인 증거는 없다. 그러나 캘리포니아 주립대학의 앨런 밀러의 연구를 프로이트의 이론과 연결시켜 보면 흥미로운 점을 발견하게 된다. 밀러는 한 무리의 여성에게 가장 아버지를 닮은 모습부터 가장 아버지를 닮지 않은 모습을 가진 남성의 사진들을 보여주고, 그 중간 단계까지 측정하여 순위를 매겼다.

그 결과 그녀들은 마음에 드는 상대로 가장 아버지를 닮았다고 생각되는 남성을 선택했다. 이 연구는 이성의 부모에 대한 애정이 배우자 선택에 영향을 준다는 것을 시사하고 있다.

태도의 유사점

매력은 이상형을 판단하는 최초의 시점에서는 압도적으로 중요한 것 같다. 그리고 또한 만남을 거듭할수록 판단에 큰 영향을 준다. 그러나 배우자가 될지도 모르는 사람에 대한 정보를 더 다양하게 갖게 되면서 다른 요인이 그 사이에 끼어든다. 그 요인의 하나로서 몇 가지 조사 연구의 주제가 된 것이 있다. 바로 두 사람의 사회적 태도와 정치적 태도의 일치성이다. 이것은 자신과 비슷한 태도를 가진 사람을 좋아한다는 것을 말해 준다.

D. 번은 광범위한 사회문제에 대해서 각각 가공적인 인물을 설정하여 답변을 준비한 뒤, 그를 근거로 학생들에게 인물을 평가하게 했다. 거기에는 피실험자가 가진 태도와 비슷한 대답과 그렇지 않은 것이 있었고, 매력적인 사람과 그렇지 않은 사람의 사진이 붙어 있었다. 그 결과, 피실험자들은 매력적이고 자기의 태도와 같은 사람 쪽을 좋아하는 것으로 나타났다.

이 연구의 난점은 매력과 태도에 대한 것 이외에는 그 어떤 정보도 피실험자에게 주어지지 않았다는 것이었다. 따라서 이들 조건이 선호도에 대한 평가를 결정한 것은 당연했다. 이 평가를 보충하기 위해서 D. 번은 또 하나의 실험을 했다.

이번에는 태도와 인격에 대한 설문지의 응답에 따라서 학생들이 짝을 이루어 블라인드 데이트를 하게 했다. 학생들의 절반은 태도와 성격이 비슷한 상대, 나머지 절반은 전혀 다른 상대와 짝이 됐다. 데이트 후에는 피실험자와의 면접을 통해 파트너의 신체적 매력도를 평가했다.

그 결과, 매력적인 태도와 성격의 득점수가 비슷한 사람이 가장 호감을 얻는다는 것을 알았다. 태도의 유사성도 매력과 함께 두 사람의 신체적인 접촉에 관계가 있었다. 즉, 매력이라는 점에서 적합한 커플은 신체적으로 보다 밀착하는 경향이 있었다.

학기 말에 재조사 했을 때는 파트너의 이름을 정확하게 기억할 수 있을지 없을지, 블라인드 데이트 후에 만날지 만나지 않을지, 앞으로도 데이트할 생각이 있는지 없는지 등을 유사성과 매력에 의해서 예측할 수 있었다.

　이 연구는 태도의 유사성이 파트너에 대한 호감에 영향을 준다는 것을 충분히 입증하고 있다. 이것은 외모를 유일한 중요 변수로 생각하는 왈스터의 연구와는 대립되는 것처럼 보인다. 왜냐하면 매스터는 커플의 성격의 유사성, 또는 다른 측면의 유사성에 대해서는 평가하지 않았기 때문이다. 그 대신에 그는 갖가지 가정된 이상형에 초점을 맞추었다.

태도에 대한 비교

구분	같은 태도	같지 않은 태도
매력적인 남성	12.0	10.6
매력적인 여성	12.7	11.3
매력이 없는 남성	10.4	9.9
매력이 없는 여성	11.0	9.5

블라인드 데이트를 한 학생들은 각각 자신과 유사한 태도와 그렇지 않은 태도를 가진 파트너를 만났다. 그들은 2(아주 싫다)에서 14(아주 좋다)에 이르는 기준으로 그들의 파트너를 평가했다. 최고의 평가는 매력적이고 태도가 유사한 파트너에게 주어졌다. － D. 번

　그 결과 그는 가장 이상적이라고 생각하는 상대방이 성격과 태도 면에서 자신과 유사하다는 대단히 의미 있는 사실을 발견하지 못했다. 블라인드 데이트의 경우, 임의로 파트너를 정해줄 때 이 유사한 태도의 중요성이 과소평가 되는 것은 당연하다고 생각된다. 보통 이 경우에는 의견을 교환할 기회가 거의 주어지지 않는다. 블라인드 데

이트를 통해 댄스파티에 초대된 커플의 경우에도 종교나 정치에 대한 생각을 논의하는 데까지는 가지 못하는 것 같다.

이에 비하면 신체적 매력은 언제라도 볼 수 있는 것이다. 실제 생활에서도 태도가 서서히 분명해지기 때문에 파트너가 서로의 정보를 점점 얻게 됨에 따라서 얼마 동안은 증가할 것이다. 태도의 유사함이 데이트 상대를 선택할 때보다도 결혼 상대를 결정할 때에 더욱 중요해진다고 하는 최근 연구 결과는 이런 부분과 일치한다.

호감 변이현상

타인에 대한 감정은 그 사람이 자신을 좋아하는가와 그렇지 않은가에 따라서 영향을 받는다. 일반적으로 사람들은 자신을 좋아하는 사람을 좋아한다.

엘리엇 아론슨과 다빈 린다는 타인에게 친절하게 대할 때의 효과와 심술을 부릴 때의 반응을 비교해 보았다.

그들은 먼저 학생들에게 몇 번이나 실험 협력자를 만나서 이야기하도록 했다. 그 뒤에 실험 협력자는 아론슨과 린다에게 학생들을 평가해 주었는데, 그 내용을 학생들이 은연중에 듣게 했다. 그 후학생들에게 그간 실험 협력자와의 대화를 근거로 하여 자신들이 어느 정도로 실험 협력자를 좋아하는지를 평가하게 했다.

당연한 일이지만 학생들은 언제나 자기를 칭찬해 주는 실험 협력자를 좋아하고, 무시하는 듯한 의견을 말하는 사람을 싫어했다. 그런데 실험 중, 처음에는 비판적인 태도를 보였다가 차츰 호의적인 태도로 변하는 사람이 가장 호감을 얻었다.

이 연구 결과에 따르면 새로운 친구, 또는 연인을 얻으려면 처음에 너무 모멸적이 아닌 정도로 상대를 싫어하는 척하다가 뒤에 가서는 적극적인 관심과 공감을 나타내는 것이 좋다는 결론을 얻었다.

이 '호감 변이현상'은 여러 가지로 해석할 수가 있다. 그 하나는, 처음에는 무관심과 멸시하는 듯한 태도를 보였다가 뒤에 가서 따뜻한 태도를 보여주면 상대는 그 따뜻한 태도를 습관적인 것이 아닌, 또는 비위를 맞추는 것이 아닌 진실로 받아들이게 된다는 것이다.

적당히 거절할 줄 아는 여성은 상대를 항상 따르는 여성보다 나중에는 훨씬 정열을 보이는 경향이 있다. 그것은 상대가 자신의 가치를 인정하기 시작했다고 느끼기 때문이다.

자부심은 융통성 있는 재산

호감 변이현상의 또 하나의 해석은 자부심과 관계가 있다. 자부심이 약한 사람은 이성 파트너를 포함해서 다른 사람에게 그다지 큰 기대를 하지 않는다는 것이 몇 가지 실험에서 나타났다.

엘레느 왈스터는 실험을 통하여 자부심이 낮은 여성이 자부심이 높은 여성보다 매력적인 남성에게 마음을 빼앗긴다는 결론을 얻었다. 그러나 다른 연구에서는 자부심이 낮은 남성이 자부심이 높은 남성보다 여성에게 데이트를 신청하지 않으려 한다는 사실을 알 수 있었다.

　처음 만났을 때 상대방이 버릇없이 굴고, 무관심한 태도를 보이면 자존심이 상한다. 그때 자신을 비하시킬 정도로 자부심이 약해지는 사람은 다른 면에 있어서도 쉽게 영향을 받게 된다.

　이것으로 호감 변이현상 전체에 대한 설명은 부족하겠지만 그 반대의 경우에는 이 실험의 기여도가 높았다. 자부심이 높은 사람은 자부심이 낮은 사람보다 자신의 이상형에 가까운 상대에게 적극적으로 다가설 수 있다는 것이다.

　코네티컷대학의 버나드 머스테인은 99쌍의 약혼자들에게 네 가지 성격에 대한 질문을 했다. 그 내용은 (1) 현실의 자신 (2) 이상의 자신 (3) 현실의 약혼자 (4) 이상의 배우자였다. 자부심의 측정도는 피실험자의 현실적 자신과 이상적 자신과의 차이를 이용했다. 그 결과 자부심이 낮게 나타난 사람은 자부심이 높은 사람보다 자격이 부족한 파트너에게 만족한다는 것을 알 수 있었다. 다시 말해서 자신을 높이 평가하는 사람은 낮게 평가하는 사람보다 만족스러운 상대를 끌어들일 수 있다는 것이다.

　이 실험에 참가한 대부분의 사람들은 파트너에 의하여 드러난 파트너의 성격보다도 참가자 자신의 판단에 의해서 선택했다는 점이 흥미로웠다.

배우자의 성향

배우자 선택에 있어서의 성격 인자에 대해서는 상반되는 두 가지 이론이 일반화되어 있다. 그 한 가지는 자신도 모르는 사이에 자기 자신과 닮은 상대에게 이끌리며, 또 한 가지는 어떤 형태로든 자신에게 부족한 부분을 보충해 주는 상대를 선택한다는 것이다.

유사설이 태도, 자부심, 육체적 매력에 호감을 일으키는 데 영향이 있다는 것이 입증되었다. 설사 이 학설의 효과가 지리적으로 가깝기 때문이라고 해도 유사설은 나이, 인종, 종교, 사회 계급과 같은 통계상의 변수에도 적용할 수가 있다.

상호보완설을 지지하고 있는 것 중 가장 확실한 것은 성에 대한 것이다. 대부분의 사람들은 반대의 성을 가진 사람과 사랑을 나눈다. 많은 기질과 성격적인 특징에도 상호보완설을 적용할 수가 있다. 예를 들면, 사교적으로 뛰어나고 이야기를 좋아하는 사람은 조용하고 순종적인 배우자에게 끌린다. 이것은 무엇을 의미하는 것일까?

위스콘신대학의 로널드 신버그는 배우자 선택에 있어서의 성격인자 문제를 연구하기 위해서 컴퓨터를 이용한 결혼상담소의 도움을 받는 새로운 방법을 사용했다. 그는 우선 컴퓨터의 소개로 결혼한 25쌍의 부부와 이전의 결혼 소개가 실패로 끝난 사람들을 비교했다. 그러니까 이들은 결혼했는가 안 했는가에 관계없이 어느 쌍이나 나이, 인종, 학력, 종교, 사회 계급, 태도, 성격 등의 유사성에 따라서 컴퓨터가 전에 짝지어준 커플이었다.

로널드는 이들을 비교 분석한 결과 커플 사이에서 어떠한 인자가 일치했을 때 결혼 성공률이 증가한다는 사실을 발견하였다. 즉, 신장이 비슷하고, 스포츠에 대한 흥미가 비슷하며, 생각하는 방식의 구체성·진지함·절제력·지배성이 비슷한 커플 쪽이 결혼에 성공하는 비율이 높았다. 그런데 남성 쪽이 여성보다 미술이나 음악에 흥미가 있거나, 신경이 긴장되어 있다거나 애정에 굶주려 있으면 결혼에 성공하지 못하는 편이었다.

상호보완 설은 '활달함 대 조용함'이라고 표현되는 차원에서만 적용된다. 결혼 문제에 있어서 상호보완 설에는 지배 대 복종에 적용되지 않는 것은 주목할 만한 일이다. 흔히 지배와 복종은 상호보완 설의 특성에서 자주 인용되지만, 이 연구에서는 반대의 결과가 나타난 것이다.

지금까지 살펴본 바에 의하면 성격에 근거한 파트너 관계의 예측에서는 유사성에 대한 지지 쪽이 상호보완 설에 대한 지지보다 높음을 알 수 있다. 그러나 그 유사 효과도 매우 적기 때문에 아주 치밀한 방법으로 확대하지 않으면 좀처럼 검출이 되지 않는다.

결혼 성공의 예측

지금까지 사람들이 어떻게 파트너 관계를 만들고, 새로 알게 된 사람과 가까워지며, 어떤 성향의 사람과 결혼하려고 하는지에 대해 알아보았다.

결혼으로 이끄는 요인

요인	차이의 형태
스포츠에 대한 취미	큰 차이, 결혼 성공 적다
신장	큰 차이, 결혼 성공 적다
미술이나 음악에 대한 취미	남성이 강하면 결혼 성공 적다
애정의 욕구	남성이 강하면 결혼 성공 적다
구체적 - 추상적	커플 일치, 결혼 성공 많고 남성 쪽이 추상적이면 결혼 성공 적다
복종 - 지배	큰 차이, 결혼 성공 적다
성실함 - 되는대로 함	커플 일치, 결혼 성공 많다
자신만만 - 걱정	커플 일치, 결혼 성공 많다
여유 - 긴장	남성 쪽이 긴장하면 결혼 성공 적다
활달함 - 온순함	커플 상호보완, 결혼 성공 많다

컴퓨터 소개로 결혼한 커플과 결혼하지 않은 커플의 비교는 성격과 흥미의 상호보완성보다 오히려 유사성에 근거하고 있음을 보여주고 있다.

결혼 성공의 예측은 어떤 성향의 커플이 결혼에 성공하는지를 보여주는 연구를 종합하면 알 수 있을지 모른다. 그러나 유감스럽게도 만족할 만한 증거가 아직 없으며, 연구에 사용된 결혼 성공의 두 가지 판단 기준, 즉 행복과 안정성은 어느 것이나 매우 불완전하기 때문에 실제로는 예측 불가능하다. 이 행복도를 지표로 사용한 대표적인 연구에서 루이스 터먼은 행복한 결혼생활을 하는 126쌍의 부부가 행복하지 못한 결혼생활을 한 215쌍의 부부보다 성격이 닮지 않은 경향이 있음을 발견했다. 그러나 상관계수는 각 0.11과 0.20으로 거의 같았다. 이것은 행복한 결혼생활을 하고 있는 부부는 닮은 편이라는 것을 뜻한다.

행복한 가정에서 자란 사람이 행복한 결혼을 하는 비율이 높다는 것은 잘 알려져 있다. 다시 말하면 개인적으로 행복한 사람은 결혼 생활도 행복한 경우가 많다. 그러나 이것은 반드시 결혼이 그 사람의 행복 수준을 높인다는 의미는 아니다. 결혼 전에 여러 가지 힘든 상황에 놓여 있던 사람보다 오히려 행복했던 사람이 결혼에 의해서 이제까지의 행복을 잃고 마는 경우도 있다. 이런 문제는 결혼의 성공을 평가할 때 보통 간과되어 왔다.

또 하나의 지표인 안정성 역시 마찬가지 문제를 가지고 있다. 가톨릭교도나 유대교도의 결혼이 무종교자나 이교도 사이의 결혼에 비해서 이혼율이 적은 것은 널리 알려져 있다. 또한, 지리적으로나 사회적으로 유동성이 있는 사람들이 고정되어 있는 사람들보다 이혼율이 높다는 것도 사실이다. 그러나 이것은 위험도가 낮은 집단의 결혼이 위험도가 높은 집단(해체된 것도 포함)의 결혼보다 더 행복하다는 의미일까? 하지만 결코 그렇지 않다. 어떤 집단의 이혼율이 평균적인 결혼의 행복과 어떤 관계가 있는지 아는 방법은 아직 없다. 결혼을 성공으로 이끄는 요인에 대해 밝히고자 한다면 좀 더 설득력 있는 기준을 세워야 할 것이다.

04. 남녀의 케미스트리

케미스트리는 성적 매력과 어떤 관계가 있을까?

사실 많은 화학물질이 성적 관심, 또는 성행위에 영향을 주고 있다. 그 중의 어떤 것, 예를 들어 호르몬은 환경 조건과 염색체의 지시에 따라 체내에서 만들어진다. 페로몬이라는 물질은 다른 사람에 의해서 만들어지고, 미각 등의 화학적 작용에 의해서 검출된다.

헝가리의 미하리 비시안은 남성 흡연자가 비흡연자에 비해서 정자 수가 적고 기형 정자의 비율도 높다는 것을 발견했다. 물론 그는 이 차이만으로 흡연이 불임의 원인이라고 하기엔 불충분하다고 생각했다.

이것을 보강할 만한 증거는 두 명의 프랑스인 의사에 의해서 제시되었다. 그들은 같은 연배의 남성 집단에게 과거의 성생활을 돌이켜 볼 수 있는 설문을 작성하여 나누어 주었다.

그들 중 지독한 흡연자는 25세에서 40세에 걸쳐서 성활동이 현저하게 저하했다고 보고했다. 이 연구 결과는 비흡연자가 성적으로 탁월함을 자랑하고 있다는 의미로 해석할 수도 있고, 흡연을 적게 해도 성적 능력의 억제 현상이 나타난다는 의미로 해석할 수도 있다.

이와 같은 화학작용은 우리의 성 경험이나 성행위에 영향을 줄 수 있다.

테스토스테론의 역할

성호르몬은 생식선에서 만들어지는 화학물질로, 혈액 속을 순환해서 뇌로 돌아오게 되는데, 뇌는 생식작용과 장래의 파트너를 수용하는 힘에 대한 생물학적 작용에 영향을 준다.

일반적으로 남성의 성욕은 테스토스테론이라는 호르몬에 의하여 결정되고, 여성의 성욕은 에스트로겐의 지배를 받는 것으로 여겨지고 있으나 그것은 너무나 단순화된 생각이다. 적어도 영장류에 있어서는 수컷의 호르몬인 테스토스테론이 수컷 및 암컷의 리비도Libido, 즉 성충동의 큰 원인이 되고 있다. 부신과 난소를 절제한 암원숭이는 수컷의 접근을 받아들이지 않지만 테스토스테론을 주입하면 관심을 되찾는다.

마찬가지로 테스토스테론은 여성의 리비도를 증가시키는 것으로 알려져 있다. 그러나 정상적인 남성에게는 남성 호르몬을 주사해도 아무런 변화가 없다. 정상적인 남성은 일종의 포화상태에 도달해 있기 때문이다.

여성이 더 적극적인 경우가 있음에도 불구하고 대부분의 사람들은 남성이 여성보다 성충동이 강한 것으로 믿고 있다. 확실히 치정에 얽힌 사건이나 포르노 영화에서는 남성이 여성보다 쉽게 유혹당하고, 문란한 성관계에 빠지는 경우도 훨씬 많다. 이것은 남성의 혈액 중에 테스토스테론이 더 많이 돌고 있다는 사실을 반영하는 것으로, '혈기왕성한 남자'라는 표현은 여기에서 유래된 것이다.

이 관찰 결과가 갖는 인과적 의의는 평가하기가 어렵다. 테스토스테론의 수치를 인위적으로 높여도 그들을 이성애 쪽으로 바꾸기보다는 오히려 동성애 충동을 강하게 만들 뿐이다. 분명히 테스토스테론은 남성이든 여성이든, 동성애든 이성애든, 그리고 정상이든 도착이든 성충동을 높일 뿐이다.

테스토스테론과 공격성

지금까지 정신분석가들은 성과 공격성이라고 하는 두 가지의 동기를 양쪽 다 포함하는 리비도라는 용어를 사용함으로써 그 동기들의 결합을 강조해왔다. 좀 더 명확히 말하자면 남성의 성욕은 공격성과 결합하고, 여성의 성욕은 아무래도 수동성과 남성의 공격성에 결합하거나, 아니면 그것들의 의해서 강화된다고 생각되고 있다. 다시 말해서 남성 쪽은 사디즘이 되기 쉽고, 여성은 생리적으로 마조히즘의 경향을 갖는 것으로 알려져 있다.

이 생각이 옳다는 것을 뒷받침하기 위해서 동물의 성행위를 비롯해서 인간의 자위에 대한 공상에 이르기까지 여러 가지 관찰 결과가 정리되었다.

공격성과 성의 결합은 남성 호르몬인 테스토스테론 때문에 생기는 것으로 보인다. 폭력적인 범죄자 쪽이 예를 들면, 사기범과 같은 폭력적이지 않은 범죄자나 일반 사람들보다 테스토스테론을 많이 가지고 있다는 것이 확인되고 있다. 거세에 의하여 성인 남자, 특히 상습적인 성범죄자의 공격성이 경감되는 것도 알려져 있다.

사회적인 역할 학습으로는 남녀의 차이를 충분히 설명할 수 없다. 그와 같은 차이는 포유동물 모두에게 해당되기 때문이다. 효과적으로 암컷을 제압하기 위해서는 난폭한 힘을 써야 하기 때문에 수컷의 공격성은 어느 종족에게나 필요하다고 말한다. 공격성이 있기 때문에 수컷은 암컷을 거느리고, 자기의 본분을 다 할 때까지 역할을 다할 수 있다는 것이다. 그러나 이것은 사실과 전혀 다르다. 일반적으로 수컷이 발정한 암컷을 우격다짐으로 탐하는 일은 없다.

공격성의 참된 기능은 사냥이나 적의 침해로부터 종족을 지키는 책임, 또는 동족 간에서 수컷이 암컷에게 접근하는 순위를 결정하는 지배 계층의 지위권 쟁탈전 등에서 발견되는 경우가 많다.

다시 말하면 수컷의 공격성은 암컷에 대한 직접적인 지배를 목적으로 진화한 것은 아니다. 경쟁 상대인 수컷을 지배하고 그 지배력이 암컷에 대한 매력을 강화한다. 영장류에서 관찰된 현상이 인간에게서도 나타난다는 것을 우리는 알게 되었다. 단, 인간의 지배력은 직접적인 육체의 힘보다도 지능, 업적, 재력과 같은 요소에 의존하는 경우가 많다.

여성의 월경주기

월경주기는 주로 여성 호르몬인 에스트로겐과 황체 호르몬에 의해서 조절된다. 영장류를 제외한 대부분의 동물들은 주기의 한가운데 있는 짧은 가임기에만 성 활동을 한다. 아마 에스트로겐이 교미 행동을 지배하고 있기 때문일 것이다. 그러나 인간을 포함한 영장류는 언제나 받아들일 태세가 갖추어져 있다. 여성의 전 주기를 통해서 분비되고 있는 테스토스테론이 성행동의 중요한 결정 요인이기 때문이다.

테스토스테론 수치는 배란기에 가장 높아진다. 암컷 원숭이는 이 시기에 수컷을 받아들이기가 가장 쉽다. 배란 후에는 황체 호르몬이 배출되어 테스토스테론의 분비를 억제하기 때문에 성충동이 감소한다.

그런데 여성도 배란기에 리비도가 높아지는 것을 경험하는지에 대해서는 아직 논란의 여지가 있다. 진화론적인 입장에서 만약 이런 현상이 인간에게 작용하지 않는다면 그것은 놀라운 일이다. 이는 분명히 생식 상의 이점을 가지고 있기 때문이다.

1950년 이전의 연구에서는 여성의 리비도가 가임기의 최저 시기인 월경 직전과 직후에 일어난다고 했다. 이런 그릇된 판단은 인간이 이른바 임신 가능성이 희박한 기간이라는 것을 알고 있는 데에서 비롯되었을 것이다.

인간만이 월경 전후의 성교에서는 임신이 어렵다는 것을 알고 있다. 일반적으로 여성 주기 중의 각 시기에 있어서의 성행동량이 여성 리비도의 지표가 되기 때문에 이 바티칸 룰렛(주: 로마 가톨릭 교회에서 장려하고 있는 임신 조절법의 농담식 표현. 배란기가 아니라고 생각되는 때에는 언제나 성관계를 가져도 좋다고 하지만 이 방법은 일종의 도박이다)을 신중하게 실행하고 있던 피실험자들(현대의 피임법이 출현하기까지는 많은 사람들이 이 방법을 썼다)이 이와 같은 실험 결과를 많이 당했을 것이다.

그런데 최근의 연구자들은 주기의 한가운데가 되는 시기에 여성의 성적 관심이 고조되는 것을 관찰할 수 있었다고 주장하고 있다. 이 결과와 관련해서 월경기간 중의 성적 변화도 주목해야 할 문제이다. 지금은 배란기간 중에 여성의 심신이 동시에 최상의 상태를 유지하는 것에 대해서 대부분 동의하고 있다. 이 기간 중에는 가령 타이프 치는 일과 같은 집중력을 요하는 작업의 능률이 높아지며, 행복감을 느끼는 일도, 기분이 좋은 일도 많다.

이에 반해서 월경이 시작되기 직전에는 우울이나 초조감을 경험하는 여성이 적지 않고 이른바 '월경전 증후군'이라고 하는 이상현상, 예를 들면, 월경 중에는 물건을 슬쩍 훔치는 일이나 자살과 같은 반사회적이고 엉뚱한 행동이 빈발한다.

호르몬이 행동에 미치는 영향

호르몬이 행동에 작용하는 것은 명백한 일이지만 다른 한편, 행동이나 경험도 호르몬에 작용한다. 이것은 아마도 호르몬 분비가 뇌의 시상하부와 관계가 있는 뇌하수체에 의해 제어되기 때문일 것이다.

테스토스테론은 포르노 영화를 보거나 미인과 가까이 있거나 하는 등의 성적 자극을 받으면 높아지기 쉽다. 한편 공포, 스트레스, 근심과 같은 것은 테스토스테론의 농도를 저하시키고 경우에 따라서는 성교 불능이나 불감증을 일으킨다. 이로써 심리학과 케미스트리의 상호 작용 정도를 알 수 있다.

그런데 사회 상황이 여성의 생리 주기에도 작용한다는 것이 밝혀졌다. 하버드대학의 마터 마클린톡 박사는 같은 기숙사에서 생활하고 있는 여학생의 생리 주기가 차츰 일치하는 경향을 보이는 것을 발견했다. 거의 모든 여성이 다른 사람의 생리일이 언제인지 모른다고 했음에도 불구하고 오랫동안 함께 생활하면 할수록 같은 날에 월경이 시작되는 경향을 보였다.

또 한 가지 흥미 있는 결과는 남성과 자주 외출하는 여학생의 주기가 비교적 안정적이라는 것이었다. 매클린톡은 이와 같은 결과가 두 가지의 페로몬 효과를 반영하는 것이라고 해석한다.

그 둘 중 하나는 주위 여자들에 의해서 방출되어 주기의 동시성을 일으키는 원인이 되고, 다른 하나는 남자 친구에게서 방출되어 주기를 단축시키고 안정시킨다고 한다. 특히 남성과 교제하고 있는 여자의 주기에 직접적인 영향을 줄 수 있다고 하는 후자의 해석은 인상적이다.

예를 들면, 성교는 호르몬의 분비를 촉진시키고 배란에 이르게 하여 그 결과 주기를 단축시킨다. 이것은 확실히 인간뿐 아니라 동물에게서도 나타나고 있는 것이며, 임신의 기회를 증가시킨다는 의미에서 명백히 진화론적인 의의를 가지고 있다.

페로몬- 벌꿀의 맛

페로몬은 교미가 가능한 상대를 끌어들이고 자극하는 물질로, 동물에 의해서 방출되는데, 이러한 페로몬은 동물에게서 충분히 확인되고 있다.

수컷 양은 발정 중인 암컷 양의 질 분비물 냄새를 맡고 암컷 양에게 마운팅(주: 수컷이 암컷 위에 올라가서 교미 자세를 취하는 것)한다. 그렇지 않다면 수컷 양은 전혀 무관심하다. 이와 같이 암컷의 생식기 냄새가 같은 종의 수컷을 끌어들이는 힘은 쥐, 소, 원숭이 등에게서도 나타나고 있다.

암컷의 페르몬 생산은 에스트로겐 호르몬의 통제를 받는다. 예를 들면, 암컷 원숭이는 수컷을 유혹하는 코퓰린이라고 하는 일종의 지방산을 만든다. 이 코퓰린은 배란기에 농도가 가장 높아지지만, 생리일이 가까워지면서 황체 호르몬(주: 테스토스테론과 에스트로겐의 생산을 막는 여성 호르몬, 경구 피임약의 중요한 성분)의 분비가 증가하는 시기에 감소하는 결과를 보였다.

최근 애틀란타의 과학자들은 원숭이의 코퓰린과 동일하게 주기적인 변동을 보여주는 같은 종류의 지방산을 발견했다. 이와 같은 지방산이 남성을 끌어들이는지의 여부는 아직 직접적으로 나타나지 않고 있다. 그러나 성행위의 전희로 구순성교가 일반에게 선호되고 있다는 것은 이와 같은 화학적 매력 물질의 존재 가능성을 부정할 수 없음을 보여 준다.

보통 사람들은 성교의 상대가 내는 냄새에 끌리고 있는 것을 깨닫지 못하지만 싫어하는 냄새의 경우에는 금방 알아차린다. 이런 원리를 이용해서 화장품 회사들은 불쾌한 체취를 제거하거나 숨기는 방취제, 구강 청결제, 질 스프레이 같은 물건들을 개발하여 인기를 끌고 있다.

그러나 많은 사람이 상대의 땀 냄새나 그 밖의 체취로 인해 흥분을 느낀다고 말하고 있다. 이런 면에서 본다면 체취를 제거하는 상품들은 어쩌면 목적과는 달리 자연 본래의 냄새가 주는 좋은 효과를 저해하는 것일지도 모른다.

지중해 연안의 여러 나라에는 남성들이 미리 겨드랑이 밑에 끼워서 자기의 냄새를 스며들게 한 손수건을 좋아하는 여성 앞에서 흔들며 춤을 추는 풍습이 있다. 여성 호르몬인 에스트로겐을 주사하지 않으면 남성이 냄새 맡을 수 없는 사향성 물질을 여성은 지각할 수 있다는 것을 알았다.

호르몬과 성행동

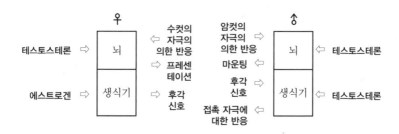

암컷의 경우 테스토스테론이 성 활동의 관심을 증가시키기 위해서 뇌에 작용하고 있다고 예측된다. 에스트로겐은 특히 배란기에 수컷은 끌어들이는 질 분비물을 배출한다. 수컷의 경우 테스토스테론은 뇌에도, 생식기에도 작용하며, 환경 안의 시각을 비롯한 촉각적인 성 자극에 대한 반응에 직접적인 영향을 준다.

－《뉴 사이언티스트》

    게다가 여성의 이러한 사향성 물질에 대한 감수성은 임신 주기에 따라서 바뀐다.

    사향성 물질은 실제로는 수사슴이 암사슴을 끌어들이기 위해서 생산하는 페로몬이다. 그런데 여성용 향수에 이것이 혼합되어 있다는 것은 좀 아이러니한 일이 아닐까?

    인간의 성적 매력에 대한 페로몬의 중요성에 대해 아직 구체적으로 밝혀진 사실은 없다. 그러나 반反 페로몬 효과, 즉 어떤 종류의 체취가 성교 상대를 거부하는 힘을 가지고 있는지는 잘 알려져 있다. 화장품은 그러한 냄새를 몇 가지 제거하고 숨기는 데 합리적으로 사용되고 있는 것이다.

호르몬 회복 요법

50세 전후가 되면 여성의 난소에서 분비되는 에스트로겐 산출량이 현저하게 저하되는데, 그 결과 월경이 끝나고 임신을 할 수 없게 된다. 이 시기가 되면 자주 땀을 흘리고, 우울증에 시달리며, 질이 건조해지고, 성교에 대한 흥미가 상실되는 증상 등으로 이어진다. 호르몬 회복 요법은 이러한 증상을 방지하는 데 크게 도움을 주지만 의사에 따라서는 응혈凝血, 담낭병 등의 부작용을 초래할 수 있기 때문에 기피하기도 한다.

테스토스테론의 보충은 저하된 남성의 성욕 회복에는 효과적이지만 정상적인 남성에 대해서는 거의 효과가 없다. 이것은 대개의 호르몬에서 볼 수 있는 역효과 때문이다. 어떤 기능이 작용하기 위해서는 일정치의 호르몬이 필요하지만, 그것을 넘어서면 별 의미가 없다. 이런 까닭에 회복 요법은 호르몬 수치가 일정 수치보다 낮아진 연배의 사람들에게만 필요하다고 할 수 있다. 하지만 금연이나 호색 문학에 대한 관심, 전반적인 건강 상태를 좋게 하기 위한 방법으로는 어느 정도 효과가 있기에 장려할 만하다.

건강 상태의 개선과 관련하여 중년 남성의 규칙적인 운동이 얼마나 효과적인가를 연구한 결과에 의하면 감염이나 스트레스에 대한 저항력 측면에서는 기대한 것만큼 증가하지는 않았다. 그러나 이 실험에 참여한 남성의 대부분이 성생활 면에서는 개선됐다고 보고했다.

운동이 성충동에 미치는 역할에 대해서는 영국의 육상경기 선수들을 대상으로 행한 설문조사를 통해 증거가 추가되고 있다. 국제적

수준의 이 선수들은 기대한대로 야심과 공격성에 대해서 평균 이상의 점수를 받았고, 성생활의 관심에 대해서는 더욱 점수가 높았다.

그러나 대개의 남성들은 리비도 때문에 아침 일찍부터 가까운 공원에서 달리기를 하는 것은 너무 힘들다고 생각하고 있기 때문에, 참된 호르몬 요법을 찾는 낙천적인 탐색은 지금도 계속되고 있다.

휴

먼

섹

스

란

?

다.

|남|녀|의|성|심|리|리|서|치|
Loves Mysteries-The Psychology of Sexual Attraction

|남|녀|의|성|심|리|리|서|치|
Loves Mysteries-The Psychology of Sexual Attraction

성적 욕구에
대하여

05. 사랑하는 남녀

데스먼드 모리스는 사람은 애정, 또는 부부의 결합이 다른 생물보다 장기간 지속된다는 뜻에서 '인간은 특별한 유인원이다'라고 말했다. 그는 이 진화론적 현상을 인간에게만 볼 수 있는 또 다른 특색과 결부시켰는데, 그 한 가지는 성교 전에 행하는 키스나 포옹, 애무 등을 비롯한 전희의 시간이다.

원숭이의 교미는 보통 몇 초 내에 끝나지만 인간은 평균 30분 정도로 복잡한 의식을 행한다. 성행위자 양쪽 모두 오르가슴에 도달한 후 끝나는 것이 이상적이고, 만족감도 크며 두 사람의 관계를 강하게 결합하는 데 도움이 되기 때문이다.

인간의 성주기 반응

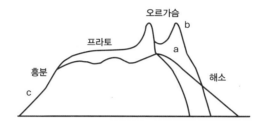

성 반응 주기를 도식적으로 나타내면 위와 같다. 곡선은 전형적인 남성의 모형(그것은 여성도 같다)이다. a.b곡선은 여성에게 나타나는 상당히 공통적인 두 가지 형태로 a는 오르가슴에 이르지 못한 경우이며, b곡선은 몇 번의 오르가슴이 있었던 것이다.

그러나 다른 영장류들은 결코 오르가슴을 경험하지 못한다. 인간의 여성에게서만 볼 수 있는 또 하나의 특징은 불임 기간에도 성교가 가능하다는 것이다. 모리스에 의하면 이 진화론적 발달은 인간의 성교가 갖는 두 가지 기능, 즉 생식 목적에 필요할 뿐 아니라 커플 사이의 애정결합을 강화하는 역할 때문에 생긴 것이라고 한다.

만약 그렇다면 성적인 접촉이 불만스럽거나 무슨 이유로 이루어지지 않게 됐을 때에는 어떤 일이 일어날까? 애정의 인연은 끊어지고, 끝내는 파트너와 이별을 생각하게 된다. 실제로 그런 일이 일어날 수 있다. 우리는 성적 불만 때문에 이혼하거나, 성불능이나 성교불능의 결과로 고독하고 불행한 생활을 하고 있는 사람들을 수없이 많이 보아 왔다.

성행위에 대한 문제를 논하는 일에 대한 거부감이 제거되면 될수록 밀실에서 표면화되는 예가 늘어난다. 특히, 조루, 성교불능, 불감증과 같은 이 세 가지 문제는 지극히 일반적인 기능 쇠약에 대한 것이다.

인간의 성 반응의 성질 및 성 반응을 비정상적으로 만드는 요인에 관한 매스터즈와 존슨의 연구는 이러한 장애를 효과적으로 치료하는 길을 열었다. 이제부터 그들의 연구를 살펴보기로 한다.

성 반응

1966년에 윌리엄 매스터즈와 버지니아 존슨은 《인간의 성 반응》이라는 그 당시로서는 획기적인 책을 세상에 내놓았다. 그들은 이 책을 통해 성교 중에 생리적으로 일어나는 일에 대해서 상세히 기술하고 있다. 그는 실험실에서 천 번 이상의 오르가슴을 관찰한 결과에 근거를 두고 있다.

물론 그전에도 독자적인 연구나 임상적 관찰 등이 과학 문헌에 발표되었으나 매스터즈와 존슨의 연구는 그 범위와 방법에 있어서 매우 특이했다. 예를 들면, 피실험자의 여성을 흥분시키는 동시에 여성의 질 안에서 일어나는 변화를 촬영할 수 있는 페니스 형 카메라를 사용한 것이다.

생리적 흥분의 지표, 예를 들면, 심장박동률, 혈압, 호흡을 검토한 결과 자위행위와 성교는 지극히 유사한데 그 형태는 흥분, 프라토, 오르가슴, 해소의 네 가지 모양으로 나뉜다.

(1) 흥분은 시각적인 것, 청각적인 것, 촉각적인 것, 또는 상상에 의한 것 등, 그 사람에게 있어서는 에로틱한 어떤 자극에 의해서 시작된다. 남성의 경우에는 생식기의 조직이 충혈되어 페니스를 발기시키고, 여성의 경우에는 질 안이 젖게 된다. 그리고 유방이 팽창하고 유두가 곤두서며, 음핵과 음순에 변화가 생긴다.

(2) 프라토 상태에서는 남성의 고환 크기가 1.5배로 팽창되고, 음낭 속으로 끌려 올라간다. 여성의 경우에는 질 밖이 팽창하기 때문에 질 주위가 수축하여 페니스를 꽉 쥐는 동시에 질 내부와 자궁에 빈 굴을 만든다. 음핵은 페니스와 직접 마찰되지 않도록 짧게 오므라든다. 이러한 변화는 모두 기본적으로 생식기 주변의 혈액 공급이 증가하고 근육이 긴장하기 때문에 일어난다.

(3) 오르가슴은 불과 몇 초 동안 지속되는 흥분의 절정기로, 자의력과 통제력이 없어진다. 여성의 경우에는 질 외부, 자궁, 때로는 항문의 괄약근이 리드미컬하게 수축한다. 수축은 출산할 때와 마찬가지로 위쪽에서 시작하여 자궁 경부 끝 쪽으로 내려간다.

남성의 오르가슴은 질의 수축과 같은 간격으로 페니스의 리드미컬한 수축으로 생긴다는 뜻에서 여성의 오르가슴과 비슷하다. 그와 같은 수축에 의해서 정액이 요도를 통해 상당한 압력으로 밀려나온다. 정상적인 성교의 경우에는 질의 심부에 있는 자궁경부 주위에까지 배출된다.

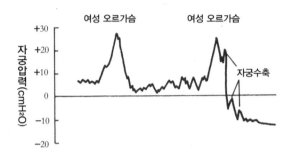

자궁압력은 성교 중에 변화한다

런던의 센트 비솔로뷰 병원의 시릴 폭스 박사는 성교 중의 자궁 내 압력 변화를 측정하기 위해서 무선 장치를 넣은 필(Pill, 피임약의 속칭)을 이용했다.
위의 그림은 1회의 성교 중에 채집한 전형적인 기록이다. 매스터즈와 존슨의 연구와 마찬가지로 오르가슴 중의 자궁 수축은 흡수 작용을 하기보다 오히려 자궁 내의 압력을 증가시킨다. 그러나 해소기에는 자궁 압력의 현저한 감소가 있어서 정자가 경부를 통과하는 것을 돕는다.

이외에도 많은 신체적인 변화가 일어난다. 심장박동이 1분에 180번 정도까지 올라가고, 호흡은 현저하게 빨라지며, 혈압도 올라간다. 피부는 대부분 홍조를 띠고 목, 팔, 다리, 엉덩이의 근육이 강하게 수축한다. 얼굴을 찡그리게 되고, 특히 여성은 소리를 지르게 된다.

(4) 해소 상태에서는 자극을 받지 않은 본래의 상태로 돌아가 해방감과 편안함을 경험한다.

여성은 이 기간 중에 효과적인 자극이 다시 주어지면 또 한 번 오르가슴을 느낄 수 있다. 남성은 일정한 불응기가 있어서 성기가 금세 다시 발기하는 것은 불가능하다. 이 불응기의 길이는 연령, 적합도, 성관계를 하지 않은 기간, 상대의 신선도 및 좋아하는 정도에 따라서 다르다.

해소기에는 임신을 가능하게 할지도 모르는 생리적 변화가 일어난다. 자궁 내에 삽입된 무선 텔레미터 장치를 사용해서 여성이 오르가슴에 도달한 직후 자궁의 압력이 눈에 띄게 하강하는 것이 밝혀졌다.

이 압력의 하강은 정자를 질에서 자궁 안으로 보내는 과정을 돕기에 충분한 작용을 하는 것으로 나타났다. 다시 말해서 여성의 오르가슴에 의하여 임신의 기회가 증가한다고 말할 수 있으나 자궁의 흡인 작용에 대해 매스터즈와 존슨은 오르가슴 때에는 일어나지 않는다고 증명했다. 그렇게 본다면 절정기 뒤인 이른바 해소기에 생기는 것으로 추측할 수 있다.

오르가슴, 그리고 음핵의 역할

매스터즈와 존슨은 성교 중이나 자위행위 중에 일어나는 일련의 생리적인 일에 대해서 기술했을 뿐 아니라 인간의 성에 대한 큰 논쟁에 관련해서 확실한 증거를 제시하였다. 그들의 가장 중요한 연구 결과의 하나는 여성의 오르가슴에 있어서 음핵의 역할에 대한 것이었다.

세인트 루이스가 연구하기 이전에는 여성은 두 종류의 오르가슴, 즉 음핵의 자극에 의한 것과 질의 내부의 마찰에 의해서 일어나는 것을 경험하는 것이라고 믿고 있었다. 그러나 매스터즈와 존슨은 음핵과 질의 오르가슴은 생리학적으로 보아서 구별이 되지 않는다고 했다. 분명히 모든 여성의 오르가슴은 여성에게 있어서 지극히 민감한 부분이라고 할 수 있는 음핵의 영향을 받는다. 그리고 음핵의 자극은 직접적이기 보다도 간접적인 편이 좋다.

이상적인 오르가슴은 페니스와 음핵의 직접적인 접촉에 의해서 생기는 것이 아니라 음핵의 포피가 음핵 끝에서 율동적으로 움직임으로써 생긴다. 이것은 실제로 정상적인 성교 중에 일어난다.

음핵의 포피는 음순의 연장이기 때문에 페니스의 삽입으로 일어나는 운동과 함께 발생하게 된다. 그것은 음핵의 귀두를 직접 문질러서 자위하는 여성이 대단히 적은 것과 일치한다. 다음의 연구 결과는 매우 흥미로운 것이다.

(1) 자위로 얻어지는 오르가슴은 성교 중에 얻어지는 오르가슴과 완전히 같은 정도일 때도 있고, 더 강렬할 때도 있다.

(2) 페니스의 크기는 남성 자신이나 그 파트너의 쾌락에 별로 영향을 끼치지 않는다. 질은 페니스에 따라서 확대되거나 축소되기 때문에 페니스의 크기가 달라도 같은 정도의 마찰을 느낀다. 또 발기하고 있는 페니스는 그렇지 않은 페니스와 큰 차이가 없다. 즉, 발기하지 않았을 때의 작은 페니스가 발기했을 때 본래의 크기에 비례해서 커지는 것은 아니다.

(3) 포피 절제는 남녀 각각의 성 반응을 느낄 수 있을 정도의 변화를 주지 않는다.

(4) 여성은 월경, 특히 그 후반기 중에 성교를 충분히 즐길 수 있

다. 또한 임신 4개월에서 6개월 정도까지의 3개월간은 임신하지 않았을 때와 같이 성적 접촉을 원하고, 이 기간의 성교는 일반적으로 모체나 태아에 해롭지 않다.

성적 결함과 그 원인

앞에서 말한 성 반응의 주기는 모든 것이 순조로울 경우에만 해당되며, 이것은 정상적인 사람들에게 적용되는 일인지도 모른다. 사실 부부 관계에서 어려운 문제에 부딪치는 예는 놀라울 정도로 많다. 성기능 부전의 주요 형태는 다음과 같다.

· 1차적 성교 불능 – 남성이 삽입이 가능할 정도로 발기한 적이 없다.
· 2차적 성교 불능 – 남성이 과거에는 문제가 없었으나 현재는 발기 불능이다.
· 경우에 따른 성교 불능 – 남성이 상황에 따라 성교 불능이 된다. 예를 들면, 애인과는 성교가 되지만 아내와는 되지 않는다.
· 조루 – 남성이 상대가 오르가슴에 도달할 때까지 사정을 충분히 조절하지 못한다. 삽입 전은 물론 발기 전에 사정하는 예조차 있다.
· 사정 불능 – 남성이 발기와 삽입은 가능하면서 사정이 안 되는 현상이다.
· 성교 곤란증 – 성교가 파트너 어느 쪽에 고통을 준다. 대부분 여성에 많다.
· 1차적 오르가슴 기능부전 – 여성이 성교나 자위로 오르가슴을 경험한 적이 없다.
· 경우에 따른 오르가슴 기능 부전 – 여성이 일정한 상황 아래서는 오르가

슴에 도달하지 못한다. 예를 들면, 여행지에서는 곧 절정에 도달하는데, 집에서는 안 된다.

· 질 경련 – 여성의 의사와는 관계없이 질의 외벽이 수축하여 삽입이 불가능해진다.

이러한 성문제의 원인을 밝혀내기 시작한 지 얼마 되지 않아 매스터즈와 존슨은 그러한 것들이 생리학적인 문제가 아니고 심리학적인 문제인 경우가 많다는 결론에 이르렀다. 환자의 몸을 검진해도 기능 부전의 해부학적이나 생리학적 원인을 밝힐 수 없었다. 아내와는 불능인데 애인과는 가능한 남성이나, 여행지에서는 오르가슴에 도달하는데 집에서는 안 되는 여성이 있다는 사실은 심리적 요인이 중요함을 보여주는 확실한 증거다.

요도염이나 다발성 경화증과 같은 질병이나 피로, 알코올, 약물 다량 섭취 때문에 나타나는 일시적인 생리 현상 등이 원인일 때도 가끔 있다. 그러나 대다수의 사례에서 볼 수 있는 기능 부전 원인을 거슬러 올라가면 상대나 성 자체에 대한 억압적인 태도에서 비롯된다는 것을 알 수 있다.

매스터즈와 존슨은 그 배경이 되는 여러 가지 요인, 예를 들면, 엄격한 종교적인 가르침, 불쾌한 첫 경험, 동성애 경향, 그릇된 정보와 같은 이성 장애의 원인일지도 모른다고 가정했다. 이 점에서 그들의 생각은 프로이트 학파의 이론과 일치한다.

성적결함의 원인

역사적 요인	현재
종교적 정통파	
정신성욕적 외상	
동성애 경향	방관자적 역할과
부적절한 카운셀링	실행 행동에 대한 불안
알코올 섭취 과잉	
생리적 문제	
사회·문화적 요인	

매스터즈와 존슨은 인간의 주위 환경에 따른 많은 다른 요인이 성적 결함의 원인이 된다고 했으나 치료에서는 현재의 태도와 행동을 바꾸게 하는 데 전력을 기울여야 한다고 했다. 성적 장애는 그 대부분이 파트너의 한쪽, 또는 양쪽이 방관자의 역할을 하거나 그 행동에 불안을 갖기 때문에 생기는 것이다.

그러나 이러한 문제를 치료할 때 매스터즈와 존슨은 나쁜 습관이나 태도에 초점을 맞추어 직접적이고 행동 지향적인 방법을 썼다. 그들의 실험 결과에 의하면 성행위를 하는데 가장 유해한 태도는 자신의 행위에 대한 불안 때문에 상대방과 거리를 두고 방관자의 역할을 하려는 경향이었다. 이러한 문제가 어떤 성질의 것인지는 두 가지 예로 확실하게 알아볼 수 있을 것이다.

첫째는 여성의 오르가슴 기능 부전(불감증)에 흔히 있는 형으로 자제력을 잃을까봐 겁을 먹는 여성으로 대표된다. 그런 여성은 오르가슴을 향해서 흥분이 고조되는 것을 느끼면 그것을 위협으로 받아들이고, 정신적으로나 육체적으로 이성을 되찾으려 한다. 또한, 죄책감이나 불안과 같은 감정을 경험한 여성은 오르가슴에 이르게 할 자극을 줄이려고 무의식중에 몸의 위치를 조정할지도 모른다.

여성의 약 10퍼센트는 전혀 오르가슴을 느끼지 못하는 것으로 추정된다. 상대 남성의 무능함이 원인이 되고 있는 경우도 많지만, 지금까지 말한 것과 같은 태도가 가장 공통된 원인이다.

두 번째의 일반적인 사례는 지금까지는 그렇지 않았는데 어느 날 갑자기 발기가 안 되는 남성이다. 아마 그냥 피로했다든지 과음이나 유행성 감기 때문에 몸 상태가 좋지 않았을 때였을 것이다. 그런데 그런 남성은 노화가 시작된 것이 아닌가, 또는 자신의 몸 어느 부분이 고칠 수 없을 정도로 고장이 난 것이 아닌가 하고 불안과 공포를 느낀다.

그는 다음 성교 때도 또 다시 같은 일이 일어나지 않을까 겁을 먹게 되는데, 그렇게 되면 일종의 예언처럼 같은 일이 일어난다. 그의 성적 흥분은 불안감 자체에 의해서 억제되어 버리는 것이다.

이로써 불안과 실패의 악순환이 어떻게 만들어지고, 왜 만성적인 성교 불능 상태가 되는지를 쉽게 알 수 있다.

성적 장애의 치료

지금까지 살펴본 것처럼 과거의 성적 장애 원인은 치료와는 전혀 관계가 없다. 따라서 치료에 필요한 것은 현재 적용할 수 있는 어떤 종류의 재훈련이나 태도 변화라고 할 수 있을 것이다.

지금부터는 매스터즈와 존슨을 비롯해 그 밖의 성 요법가들이 가장 많이 사용한 몇 가지 방법에 대해서 살펴보기로 한다. 대부분은 치료 후 5년 동안 환자를 추적 조사한 결과를 포함해서 무엇이 효과적이었는가 하는 임상 실험을 통해서 발전시켜 온 것이다.

불안과 자의식의 방해만 없다면 누구나 성적 기쁨에 매우 자연스럽게 따를 수 있다는 것이 매스터즈와 존슨의 연구에 깔린 기본적 가정이다. 그래서 치료는 행동에 대한 공포를 경감하거나 제거하고, 성교 중에 부부가 방관자적 역할을 취하려는 경향에서 벗어나도록 하는 데 집중된다.

매스터즈와 존슨이 이전부터 시행한 방법은 일상적인 일과 스트레스로부터의 해방을 위해서 부부가 함께 호화로운 호텔에 투숙한 뒤 2주일에 걸쳐서 매일 각각의 치료자를 만나는 것이다.

매스터즈와 존슨은 전혀 문제가 없는 부부에게는 그 사실을 말하고 위로해 주었다. 물론 환자 중에는 개인적인 성문제 때문에 영구적인 파트너를 갖지 않는 사람이 있다. 확실히 그들은 자신들이 안고 있는 문제 때문에 한 파트너를 유지할 수 없는지도 모른다. 이러한 사례에는 조금 다른 치료법이 필요하다. 그 치료법이란 배우자가 될 가능성이 있는 사람을 발견했을 때 어떻게 행동하면 좋은지 조언을 받는 것이다.

성교 불능과 여성의 오르가슴 불감에 대한 요법에는 공통된 부분이 대단히 많다. 그 처방은 천천히 일련의 성행동을 하도록 하고, 일어날 일에 대비해서 시간을 들이게 하는 동시에 행위에 대한 공포심을 제거하는 것에 목적을 두고 있다.

이 목적을 달성하기 위해서 부부는 며칠 밤에 걸쳐서 서로 상대방을 애무했다. 그러나 그 사이에 성교나 오르가슴은 특히 금지했다. 이 애태우는 절차를 사용하면 정해진 기간이 끝나기 훨씬 전에 금욕 규칙이 깨어질 정도로 남성의 성적 능력이 회복되었다. 처음으로 자신을 위한 쾌락을 경험하는 시간과 자유를 갖는다는 의미에서 무리가 없는 쾌락이라고 할 수 있는 이 방법은 불감증 치료에 크게 효과적이었다.

여성의 오르가슴 장애와 관련하여 지극히 유익한 보조적인 방법에 대해서는 이미 수십 년 전에 헬레나 나이트 박사가 다음과 같이 기술하였다.

'남성이 여성의 치골이나 외음부에 손을 올려놓는다. 여성은 남성의 성기를 잡고 자기가 성적 흥분을 느낄 수 있는 방법으로 그 운동을 선동한다. 여기에는 많은 유익한 효과가 들어 있다. 이 방법은 성행위에서 주도권을 잡고 싶어 하는 여성을 만족시킬 수가 있다. 그리고 여성 자신이 흥분 과정을 조정하고 있다는 사실에 의해서 자제심을 잃을 염려를 줄일 수 있다.'

이 방법은 또한 어떤 움직임, 어느 정도의 압력, 어떤 리듬과 속도가 그녀에게 가장 쾌감을 주는지를 남성에게 가르쳐 주는 데 도움이 되기 때문에 그는 자신보다 먼저 그녀를 흥분시키기 위해서는 어떻게 하면 되는지를 알 수 있다. 사실 이 방법은 자위와 이성애적 접촉을 합친 것이고, 때로는 통찰과 경험에 의해서 가치 있는 부산물을 낳게 하는 독자적인 방법으로 양자가 아울러 같이 사용되고 있다.

여성의 오르가슴 기능 부전에 흔히 권하는 또 하나의 방법으로 여성 상위 체위가 이용된다. 누워 있는 남성 위에 여성이 올라앉아서 페니스를 삽입한다. 그리고 장난감처럼 다루면서 그것이 주는 쾌감에 주의를 기울인다. 이때 난폭하게 삽입하지 않는 것이 중요하다. 그렇게 하면 부부가 여유 있게 일련의 운동을 할 수 있고, 여성 또한 만족을 얻을 수 있다.

이 방법으로 부부의 문제가 불감증에 있는지 조루에 있는지를 판단한다. 그런데 거기에는 인위적인 것이 많이 작용한다는 사실이 밝혀졌다. 여성이 지나치게 늦거나 남성이 지나치게 빠를 때 부부가 서로 책임을 상대에 전가하기 때문에 점점 관계가 나빠지는지도 모른다. 치료자는 같은 잘못을 저지르지 않도록 조심해야 한다.

조루의 교정으로 사용되는 방법은 듀크대학교 의과대학 제임스 세먼즈 박사의 이름을 따서 세먼즈법이라고 한다. 그는 이 방법을 1955년에 처음 발표했다.

이것은 사정이 참을 수 없게 되기(돌이킬 수 없는 시점) 직전의 감각을 알 수 있는 남성의 능력을 기초로 하고 있다. 남성은 경고를 느끼면 흥분이 가라앉을 때까지 페니스의 축을 꽉 잡고 자극을 중지한다. 그리고 10분 정도 쉬었다가 다시 이 방법을 반복한다. 이 훈련을 며칠 동안 매일 3~4번 반복하면 대개의 사례에서 치료에 효과가 있음이 증명되었다.

이 훈련이 어떤 작용을 하는 것인지는 아직 확실치 않다. 아마 피드백 회로가 주어진 조건에 따라 작동해 그 회로에 의해서 오르가슴 직전의 흥분의 임계점臨界點과 제지 작용(꽉 잡는 경험에서 얻은)이 결합되는 듯하다.

그 결과 바로 그때 흥분 정도를 자율적으로 저하시켜서 사정을 하지 않게 한다. 다시 말해서 생식기의 반응을 자의적 통제 아래 두는 것을 학습하기 위해서는 반응에 따라서 일어나는 감각에 주의할 필요가 있다.

아무튼 불감증의 문제를 극복하고 싶은 여성이라면 그때까지 익힌 것을 학습하는 과정이 필요하다. 꽉 잡는 기법은 남편 혼자서 할 수 있지만 아내와 하는 것이 바람직하다. 아내라면 이 방법을 실행할 때 돌이킬 수 없는 시점이 언제인지를 학습할 수도 있기 때문에 성교 중에 남편이 흥분을 진정시키는 기회를 놓치지 않도록 운동을 중지해서 오르가슴을 늦추는 데 도움을 줄 수 있다.

최근 몇 년 사이 성 연구와 치료를 위한 센터가 무척이나 많이 설립되었다. 이것은 분명히 최근에 나온 요구에 부응하기 위한 새 흐름으로 매스터즈와 존슨의 영향이 크다. 초기의 치료자들은 성적 결함의 원인이 충동을 억제한 데 있다고 생각했다. 한마디로 강한 성충동에 대한 '진행 방해'가 이루어지고 있을 뿐이라고 생각한 것이다.

이것과 다른 해석은 리비도가 지나치게 낮은 문제가 아닌가 하는 것이다. 이 해석은 적어도 몇 가지 사례에서는 타당하고 유용하기도 하다. 분명히 어떤 사람은 성적 관심을 충분히 갖고 있지 않기 때문에 성행위를 하고 싶어도 흥분하거나 실행에 옮기지 못한다. 필연적으로 그들은 물론이고 그들의 상대도 만족하지 못한 채 끝나고 만다. 그래서 어떤 치료자들은 리비도를 높이기 위한 여러 가지 방법을 고안해 냈다.

심리적 성교 불능과 불감증의 두 모델

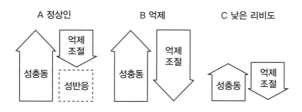

A 정상인　　　　B 억제　　　　C 낮은 리비도

성적으로 건강한 사람(A)의 경우, 억제는 성충동을 완전히 0으로 만들어 버릴 정도로 강하지 않기 때문에 어느 정도의 성 반응이 가능하다. 어떤 형태의 성적결합은 공포와 불안이 대단히 강하게 정상적인 강도의 성충동을 상쇄해 버린다(B). 성교 불능과 불감증의 다른 사례는 다만 리비도 부족의 문제뿐이다(C). 이 두 가지의 성적 부적합에 대해서 명백히 다른 형태의 치료가 제시되고 있다. 제3의 형태의 성적 부적합(여기에서는 표시되지 않았다)은 기질적 · 생리적 질병에 의한 것이다.

테스토스테론 주사가 사용될 때도 있지만 여기에는 분명히 좋지 않은 점이 있다. 스스로 이 호르몬을 생산하지 못하게 되는 경우조차 생길 수 있기 때문이다. 그렇기 때문에 환경의 성적인 흥분가치를 어떻게 변화시키는가가 문제시 된다.

런던의 패트리셔 길란 박사와 같은 성 치료자들은 시각적 · 청각적인 자극을 위해 호색적인 출판물을 치료에 사용해 실험했다. 그는 때로 불안을 경감시키기 위한 치료에도 이 방법을 사용해 성교 불능과 불감증의 몇 가지 사례에서 긍정적인 결과를 얻었다. 중년의 환자와 리비도가 약한 환자 중 일부는 확실히 이런 종류의 치료를 받고 회춘하여 생기를 되찾게 되었다.

그러나 이런 치료법 역시 이론적 기초가 명확하지 않다. 시상하부나 내분비계를 통해, 예를 들면, 혈류에서의 테스토스테론 방출을 통해 생식기에 직접적인 생리 효과를 주는 것인지도 모른다. 또한 호색적인 출판물을 보는 것은 태도를 변화시키는 작용을 하기 때문에 일종의 모델링 효과(주: 타인의 행동, 다른 개체의 행동을 모델로 해서 그 행동을 습득하는 것)를 통해서 불안을 줄일지도 모른다.

최근 성교 불능이나 불감증의 치료에 사용되는 또 하나의 새로운 방법은 자극을 주는 기계적인 힘을 빌리는 것이다. 지금까지 한 번도 오르가슴을 경험한 적이 없는 여성이 자위 도구에 의해서 일으키는 오르가슴을 경험하면 성교 중에 그와 비슷한 예비적인 감각을 느끼게 되고, 그것에 초점을 맞추기가 전보다 쉬워질지 모른다는 것에서 비롯된 방법이다. 마찬가지로 남성의 성교 불능의 치료에는 전기적인 자극법을 사용했다.

성의 실행과 사랑

매력과 사랑에 대한 책에 성 반응에 대한 내용을 기술하는 것을 이상하게 생각하는 독자가 있을지도 모른다. 사람에 따라서는 참된 사랑과 성적 능력은 별개의 것이라고 반론하고 싶을 것이다. 물론 그럴 수도 있다. 그러나 사랑은 여러 가지를 먹고 자란다. 사랑은 서로가 만족하는 성 경험을 요구하는 특별한 생리를 가지고 있다.

데스먼드 모리스는 《쾌락의 결합》이라는 저서에서 매스터즈와 존슨처럼 사랑의 관계를 발달시키고 유지하기 위해서는 서로의 성적 만족이 중요하다고 강조했다. 성적인 관계가 깨어지면 애정도 곧 깨어지는 경우가 많다. 이것은 인간의 성욕에 대한 매스터즈와 존슨의 연구의 타당성을 뒷받침해 준다.

윌리엄 매스터즈와 버지니아 존슨이 이 분야를 연구하는 데에는 터부는 물론이고 자신들의 평판에 개의치 않을 대단한 용기와 결의가 필요했다. 그 결과 그들의 연구는 인간의 고뇌와 실의를 줄인다는 점에서 훌륭한 성과를 올렸다.

현재 증가하고 있는 성에 관련된 문제의 80퍼센트에서 90퍼센트는 매스터즈와 존슨 박사의 선구적인 연구에 힘입은 바가 큰 치료법 덕분으로 해결할 수 있게 되었다. 사랑의 가장 숨겨진 신비로운 부분의 베일을 벗김으로써 방치해 두면 곧 사라져 버릴지도 모르는 많은 사랑을 보호하는 데 큰 공헌을 해온 것이다.

06. 새로움에 대한 욕구

건강하고 성숙한 쥐 암수 두 마리를 한곳에 넣어두면 어떻게 될까? 확실히 관찰할 수 있는 것은 교미 활동이다. 그런데 처음에는 그 반복률이 상당히 높다. 그러나 얼마가 지나면 그 횟수가 눈에 띄게 감소한다. 서로 익숙해지면서 성적 관심이 줄어드는 것이다. 그때 암컷을 꺼내고 다른 암컷으로 바꿔 넣으면 수컷은 완전히 흥미와 생기를 되찾아서 교미율이 처음 수준으로 높아진다.

이렇게 새로운 상대에 대해서 리비도가 변화하는 것을 '콜럼버스 효과'라고 한다. 이 콜럼버스 효과는 쥐에게만 국한된 것이 아니라 영장류에게서도 확인되고 있는 사실이다. 어떤 연구에서는 지금까지 서로 만난 적이 없는 여우원숭이(주: 유인원 중에서도 가장 널리 분포되어 있으며, 게잡이원숭이, 돼지꼬리원숭이, 붉은털원숭이, 일본원숭이, 붉은얼굴원숭이 등이 이에 속한다)를 집단으로 수용한 결과 초기에는 성행동 횟수가 15배나 많았다. 이런 원인은 단지 성적인 부분을 벗어나 사회적인 동기에도 영향이 있었는지도 모른다. 그러나 성관계의 새로움이 주요 자극이었던 것만은 틀림없다.

이와 같은 현상은 인간의 남녀관계에서도 일어나고 있다. 결혼하고 1년 동안은 부부 사이에 성관계가 빈번하지만, 일정한 기간이 지나면 급격하게 감소하다가 이내 완만한 감소율을 보인다. 완만한 하강은 나이 탓인지도 모르지만 급격한 하강은 새로움에 대한 매력이 소멸되기 때문이라고 추측한다. 그러나 애인이나 연인을 상대하면 성교 횟수가 다시 본래대로 높아지는 것을 알 수 있다.

안정된 부부 관계를 방해하는 가장 큰 요인의 하나는 성의 권태다. 이혼 재판에서 권태를 이유로 내세우는 일은 절대로 없다. 이것은 결혼을 깨기 위한 법적인 이유가 되지 않기 때문이다. 표면적으로야 어떤 문제를 내세우든 대개의 결혼이 깨어지는 원인에는 성적인 권태가 포함되어 있으리라고 여긴다. 게다가 이 문제에 대해서는 해결책이 거의 없다. 이것은 매스터즈나 존슨, 기타의 치료자들이 진짜 해답을 내놓지 못하고 있는 성문제 중의 하나다.

성교 시에 체위, 또는 성행위를 하는 방의 인테리어를 바꾸거나, 그 밖의 여러 가지의 시도는 어렵지 않게 할 수 있을 것이다. 그러나 샹들리에에 거꾸로 매달려서 시계추처럼 흔드는 것만큼 위태로운 일은 없다.

난교, 부정, 중혼, 부부 교환이나 수많은 도착 증세 등을 이해하기 위해서 기초가 되는 것은 새로움을 추구하는 욕구이기 때문에 이 문제에 대하여 인간의 사랑과 성행동, 그리고 성욕과 성적 호기심의 개인차와 이러한 것을 결정하는 성격과 기타의 요인에 대해서 기술하기로 한다.

새로움을 추구하는 이유

새로운 성 경험의 갈망은 생물학적으로 새로움과 신비함을 찾는 욕구 때문이다. 포유류에서 영장류로 진화 단계가 올라갈수록 탐색 충동이 증대한다. 인간의 호기심은 미지의 대륙이나 우주 탐험을 하는 예를 보더라도 잘 알 수 있다. 그러니까 새로운 경험을 하고자 하는 욕망은 인간의 생태적인 특징이다.

감동이나 흥분을 얻고 싶다는 충동에 대한 저항이 전혀 없는 것은 아니다. 모든 종류의 개체는 이 충동과 상반하는 욕구, 즉 안전을 찾는 욕구에 의해서 균형이 유지되고 있다. 사람은 누구나 흥분과 안전, 양쪽에 대한 욕구를 가지고 있지만, 이 두 가지 욕구의 상대적인 중요성에는 개인의 성적 차이가 있다.

평균적으로 외향적인 사람은 내향적인 사람보다도 흥분과 변화를 찾는 욕구가 강하고, 남성이 여성보다 감각 추구적이다. 안전 차원에서 탐색 차원으로의 변동에는 확실히 진화적인 의의가 있다.

한 종족에 있어서 사회 집단을 위해서 영토나 신천지를 확대하려고 위험을 무릅쓰는 개체가 있다는 것은 소중한 일이다. 동시에 호기심이 풍부한 사람들이 없어졌을 때에 경계선을 지키려고 하는 것은 가족을 사랑하는 다른 개체도 마찬가지다.

이 영역에서 볼 수 있는 성적 차이는 아마도 노동의 분업에서 생겼을 것이다. 수컷은 먹이를 찾아 이리저리 헤매고, 암컷은 둥지 가까이에 머물며 새끼를 기른다. 특히, 성적인 새로움을 찾는 강한 욕망에 관련해서는 다른 진화론적인 기능의 존재가 가능하다고 지적할 수 있을 것이다. 한 마리의 수컷은 많은 암컷을 임신시킬 수가 있다. 여기에서 그 번식력이나 생식력은 수컷이 한 마리의 암컷에게만 결합되어 있을 경우에 쓸모가 없어질지도 모른다. 특히 집단에서 암컷이 수컷보다 많을 경우에는 더욱 그러할 것이다.

만약 암컷이 어떤 이유 때문에 번식력이 없는 수컷에 항상 정절을 지키면 그 암컷의 생식력도 쓸모가 없게 된다. 그러나 암수의 접촉은 어느 정도 융통성이 있기 때문에 이런 일이 일어나는 것은 방지되고 있다. 이렇듯 성적인 관계에 변화가 많기 때문에 유전자가 광범위하게 섞이고, 그 결과 종을 살리고 있는지도 모른다.

여러 가지 유전자의 혼합은 자연 도태 과정의 기초가 된다. 이것은 사회가 근친상간을 터부시하고 있는 이유 중 하나이고, 근친상간의 제한은 실제로는 새롭고 이름도 모르는 상대에 대한 성충동에 의해서 유지되고 있는지도 모른다.

무너지는 일부일처제

많은 종교와 보수적인 사회는 일부일처제가 인류에게 자연스러운 것이라고 생각하도록 강요한다. 그러나 동물의 섹스 파트너 관계를 조사해 보면 일부일처제가 대단히 드물다는 것을 알 수 있다. 즉, 한 마리의 수컷이 몇 마리의 암컷을 아내로 거느리고 있다는 것이다. 단순히 산술적으로 계산을 하면 이것은 다른 몇 마리의 수컷은 낙오자가 되어야 함을 의미하는데 실제로 그런 경우가 많다.

원숭이 집단에는 독신 원숭이가 몇 마리씩 있게 마련이다. 그런 원숭이들은 언젠가는 두목 원숭이가 되겠다고 벼르고 있겠지만, 그때까지는 두목이 등을 돌린 틈을 타서 두목의 처첩 중 한 마리와 몰래 관계를 갖는 것만으로 만족해야 한다.

오늘날 대부분의 나라에서는 성관계를 단일한 배우자로 한정하고 있다. 그러나 지극히 예외적인 몇몇 사회에서는 남성이나 여성 모두 다중 배우자를 갖는 것을 허용하고 있다. 하지만 그렇다고 해도 여성이 일처다부 관계를 유지하는 일은 거의 없다.

가장 자연적인 형태는 일부다처제라 할 수 있다. 영국과 같은 사회가 인간의 규범과는 다른 표준을 인정한다고 보면, 그 사회가 어느 정도까지 도덕률에 일치하는지 상세하게 조사해 볼 필요가 있다.

서구 사회에서는 이론상으로 결혼 이외에 어떠한 형식의 성적인 만남도 인정되는 않는 것으로 되어 있으나, 공공연하게 행해지고 있는 것은 분명하다. 또한 남성이나 여성이나 모두 정사에 관심이 있으면서도 여러 이유 때문에 그렇게 하지 못하는 부류가 상당히 높은 비율을 차지하고 있고, 또 정사에 빠지는 사람들이 과거 수십 년 동안 꾸준히 증가하고 있는 것도 잘 알려져 있다. 주요 제약 요인은 남성의 경우에는 기회가 있고 없음에, 여성에게서는 사회적인 압력과 양심의 가책에 있다.

킨제이는 사회적 제약이 없으면 남성은 일생을 통해서 무작위로 성관계를 가질 것이라고 주장했다. 실제로 대다수의 남성은 자신의 아내에게 변화를 요구하고, 또한 상당히 많은 여성도 그에 동의한다.

서구 사회는 새로움을 찾는 것에 대해서 부분적으로 합법화된 배출구를 많이 제공하고 있다. 그중에서도 가장 흔한 것은 혼외정사다. 보통 그와 같은 정사는 배우자에게 알려지지 않고 행해지는데, 결국에는 사실이 드러나거나 고백하게 되는 것이 일반적이다. 부부에 따라서는 질투보다 속이는 것이 더 좋지 않은 것이라 여겨 자신의 정사를 공공연하게 공개하는 사람도 있다.

이런 사고방식이 만들어 낸 방책이 부부 교환이라는 뜻의 스윙잉 Swingging, 신조어로는 스와핑Swinging이다. 이 경우 서로가 혼외 경험에서 얻은 쾌락은 묵인되며, 집단 감정을 우선으로 여기므로 질투 또한 억제된다. 또 하나의 공인된 배출구가 매춘이다. 그러나 이것은 많은 나라에서 비합법화되어 있다.

새로운 변화를 요구하는 것에 대한 가장 철저한 해결법은 이혼이다. 사회학자들은 이혼 이외의 배출구는 결혼 제도를 침식한다기보다 오히려 실제로는 결혼 제도를 유지시키는 것이 아니냐고 지적하고 있다. 이혼을 금하고 있는 가톨릭 국가에서 매춘을 너그럽게 허용해 왔다는 것은 확실히 의미 있는 일이다.

이중적인 성 윤리

대부분의 사회가 남성보다 여성의 성행동에 대해서 엄격한 제약을 가하고 있다. 최근 이러한 차별에 반대하는 시도가 의식적으로 행해져 왔으나, 육체의 순결은 아직도 남성보다 여성에게 소중한 것으로 여겨지고 있다.

이 이중적 성 윤리의 기원은 어디에서 비롯됐을까? 우선, 남성이 육체적으로 강하고, 사회적으로도 지배적이기 때문에 그들의 형편에 맞도록 규칙을 만들었다는 것이다. 또 여성은 성적인 만남으로 인해 임신을 할 수 있는 입장에 놓여 있기 때문에 조심해야 할 이유가 남성보다도 많다는 것이다. 여성은 성관계의 결과로 태어날지도 모르는 아기에 대한 대책이 염려스럽기 때문에 성교의 전제 조건으로 사랑을 요구하며, 마찬가지로 남성은 다른 남자의 아기에 대해서 경제적인 책임이나 그 밖의 책임을 지고 싶지 않기 때문에 자신의 아내를 감시하는 것이다. 그러나 현대사회에서는 여성이 효과적인 피임법을 사용할 수 있게 됐기 때문에 이 이중성은 어느 정도 약화되었다.

이중적 성 윤리에 관련된 또 하나의 원인은 남성과 여성의 기질적 차이일 것이다. 앞에서 말한 것처럼 남성은 모험을 추구하는 경향이 있으며, 여성은 안락과 안전 쪽을 중요시한다는 것은 진화론적으로 근거 있는 주장이다. 또한 남성이 새로움에 대한 생물학적인 욕구가 강하다는 가설은 어느 정도까지 묵인되어 온 것이 사실이다. 어쩌면 도덕가들도 남성에 대해서는 처음부터 체념하고 있었는지도 모른다.

이제 남성이 여성보다 생물학적으로 성충동이 강하다는 것은 무엇을 뜻하는지 밝히고자 한다. 남성은 여성보다도 새로움에 대한 욕구가 강하다. 하지만 성관계 그 자체에 대한 욕구가 여성보다 강하다는 증거는 어디에도 없다. 만약 있다면 그 반대의 경우가 있을지 모른다.

한 쌍의 남녀가 어떤 형태의 결합을 이루면 그 관계 속에서의 남성의 성적 요구는 대체로 여성보다도 일찍 감퇴하는 편이다. 그러므로 어떤 면에서는 아내 쪽이 남편보다도 많은 부분에서 성 활동을 이끌고 있다고 볼 수 있다. 그런데 남성은 새로운 사람들에 대해서 성적인 관심이 많다. 이것이 남성이 여성보다 리비도가 높다고 말하는 주된 이유이다. 말하자면 여성은 대체로 사랑하는 남성과의 성관계를 원하고, 남성은 무작위적으로 많은 여성을 원한다는 것이다.

첫 성 경험에 대한 이유

'소년은 약탈적이고 육욕적이고 호기심에 차 있으며, 소녀는 순진하고 로맨틱하다.' 쇼필드의 말이다.

이제 첫 경험을 한 소년, 소녀들의 이야기를 들어보자.

17세 소녀
"그가 원했어. 강간이라든지 그런 것이 아니야. 그를 사랑하고 있었을 뿐이야. 지금도 그래. 그가 한 일은 동물과 같은 것이 아니었어."

18세 소녀

"서로 사랑하고 결혼하려고 계획한 사람끼리는 그런 일을 하는 것이 옳다고 그가 내게 말했어요. 나도 그가 나를 사랑하고 있다면 상관없다고 생각했어요. 그렇게 된 거예요."

18세 소년

"어느 휴일, 즐거운 일을 하자고 생각하고 나갔어요. 별로 좋아하지도 않는 애였어요. 그래서 나중에야 나쁜 짓을 했다고 생각했어요."

19세 소년

"꼭 한 번은 할 수 있다는 것을 스스로 증명하고 싶었어요. 하고 싶기도 했구요."

16세 소년

"하고 싶었어요. 4개월이나 교제했으니까 할 자격이 있다고 생각했어요."

19세 소년

"키스나 그런 것은 시시해요."

처음으로 성 경험을 한 동기에 대해서 조사한 사회학자 마이클 쇼필드에 의하면 남녀 간의 정도의 차이가 확실히 존재함을 알 수 있다. 소년의 과반수는 성욕 때문(42%)이라고 말했고, 호기심이 동기라고 말한 것은 소녀(13%)보다 소년(25%)쪽이 많았다.

첫 경험을 했을 때에 음주의 영향이 있었다고 말한 것은 소년에 비해서 소녀 쪽의 비율이 높았다(3% : 9%). 그러나 돈을 받고 허락한 소녀는 하나도 없었다. 대부분의 소녀는 자진해서 한 것이다. 즉, 소년의 경우가 육욕적이고 약탈적이며 감각추구적이라면, 소녀의 경우는 연애를 좋아하고 로맨틱한 것으로 나타났다.

쇼필드는 또한 결혼 후에도 성실할 자신이 있는지 십대들에게 질문했다. 그 결과 결혼 이외의 성관계를 갖게 될 것이라고 생각한 소녀(1%)에 비해서 소년 쪽의 비율이 훨씬 높았다(9%). 마찬가지로 결혼제도를 거부하거나 부정적인 태도를 가진 것도 소년 쪽의 비율이 훨씬 높았다.

아마 이러한 조사 결과는 사회적 기대에 대한 동조보다는 오히려 소녀에 비해서 소년이 모험적인 성격을 가지고 있음을 반영하고 있는 것이리라. 쇼필드는 실제의 성행동에 있어서는 소녀가 소년보다 일찍부터 데이트를 시작하고, 남자 친구들의 수도 많으며, 관계도 오래 지속된다는 것을 발견했다.

친밀도가 더 깊어지면 소년이 상대를 몇 명이나 바꾸는 데 비해 소녀 쪽은 성적으로 보다 적극성을 띠게 된다. 이처럼 소년은 변화를 바라고 다수를 상대하는 데 비해서 소녀는 안전을 요구하고 안정된 관계를 가지려 한다.

소년들이 새로움을 요구하는 성충동을 만족시키려 하는 것은 주목할 만하다. 그런데 소녀들은 애정에 대한 욕구와 성에 대한 욕구를 비교적 쉽게 일치시키고 있는 것 같다. 살펴본 바와 같이 소년 소녀의 대답에는 분명히 차이가 있다. 또한 난잡한 성생활을 하는 소녀가 지극히 적다는 사실에 대해서 의미를 부여할 만하다.

성과 성격

성적 기호나 행동의 개인차에는 여러 가지 원인이 있다. 쇼필드는 십대의 성 경험자와 미경험자의 생활방식을 비교 분석하였다. 그 결과 경험자 쪽이 같은 나이 또래의 미경험자보다 공부에 대한 흥미를 일찍부터 잃어 학교를 그만두었으며, 직업도 빈번히 바꾸는 경향이 있었다. 그와 같은 소년, 소녀는 가정 밖에서 지내는 시간이 지극히 많고, 교회도 별로 나가지 않았다. 특히 소녀의 경우에는 어머니를 싫어하는 성향이 강했다.

성 경험이 있는 십대들은 학교나 직장에서나 공부나 일에서도 침착성이 결여되어 있고, 대체로 낭비벽이 심했다. 특히 소녀의 경우에 아주 밀접한 관계가 있었다. 하루에 담배를 20개비 이상 피우는 십대 소녀는 전부라고 해도 좋을 만큼 성 경험이 있었다.

같은 양의 담배를 피우는 소년의 경우, 성 경험자는 절반이었다. 이와 같이 십대의 성 경험자는 남녀 모두 침착성이 없었고, 외향적이며, 감각 추구형이었다.

런던대학교 정신의학연구소의 한스 아이젠크 박사는 다수의 학생을 대상으로 성격과 성행동과의 관계를 연구했다. 측정된 세 가지의 특성은 적극적·사교적·충동적인 외향적 경향, 신경질적 경향, 정신병적으로 완고하고 반사회적인 경향이었다.

성적 기회의 평가는 태도 항목과 특징적인 행동에 관한 질문을 포함한 설문으로 실시되었다. 그 결과 외향형의 사람은 내향형의 사람보다 훨씬 많은 성 경험이 있음이 드러났다. 외향형의 사람은 내향형의 사람보다 일찍부터 보다 빈번하게, 보다 많은 상대와, 보다 변화가 많은 체위의 성 경험을 하고 있었다.

성적 차이를 나타낸 태도

질문	퍼센트(%)에 의한
성적 난교에 참가하라는 유혹을 받으면 (a) 참가한다 (b) 거부한다	*57
누드 사진을 보는 것이 좋다	53
섹시한 사진을 보는 것이 좋다	53
성적 난교를 생각하면 당황스럽다	−47
외설 영화를 보라고 유혹하면 (a) 허락한다 (b) 거부한다	43
지각 있는 나이의 사람을 유혹하는 것은 괜찮다	38
즐기고 싶은 곳에서 육체적 쾌락을 즐기는 것을 좋은 일이다	37
지극히 에로틱한 책을 주면 (a) 받는다 (b) 받지 않는다	36
나를 성적으로 흥분시키기 위해서는 번잡한 것이 필요 없다	35
남의 엉덩이는 나를 성적으로 흥분시킨다	34
나는 성적으로 금방 흥분한다	33
거의 매일 성관계를 생각한다	32
알몸인 사람을 보는 것은 흥미가 없다	−32
사랑이 없는 성관계(인격을 무시한 성관계)는 싫다	−31

* 플러스 숫자는 남성 쪽이, 마이너스 숫자는 여성 쪽이 그 질문에 긍정한 사람이 많음을 의미한다.

많은 항목의 설문 중에서 선별된 이들 질문은 남성과 여성의 차이가 가장 현저한 항목이었다. 남성은 포르노나 그 밖의 시각적 자극과 인격을 무시한 난교적인 성활동에 대해서 훨씬 높은 흥미를 가지고 있다. 그 차이는 부분적으로 남성은 여성보다 탐색적인 요인을 강하게 가지고 있다는 사실에 의한 것이다. – 아이젠크

예컨대 외향형의 사람은 리비도가 높고, 새로움을 찾는 충동이 많다는 것이다. 신경질적 경향을 가진 사람도 감정이 안정된 사람과 비교하면 성적 관심이 많았으나, 실행이나 쾌락을 방해하는 불안이나 죄책감을 심하게 느끼고 있었다.

정신병적 경향의 척도에서 높은 점수를 보인 학생은 인격을 무시한 성관계나 감각적으로 때로는 잔혹하기도 한 도착적 성행동을 하기 쉬운 경향을 가지고 있었다. 성격과 성적 기호와의 관계는 남녀 사이에 상당히 일치했다.

따라서 성격 인자는 성적 차이에 관계없이 직접 작용하고 있으므로 성적 차이와 함께 고려할 필요가 있다. 이러한 차이의 주요한 심리적인 욕구가 새로움을 찾는 욕구인 것도 확실하다.

사람에 따라서 일반적인 사람들보다 훨씬 강하게 감각이나 흥분에 이끌리는 사람도 있는데, 이것은 인간의 성행동의 다양함을 보여주는 것이다. 사람들의 사회·경제적인 태도도 흥분과 안전을 찾는 인격 욕구를 반영하고 있다. 글렌 윌슨은 그의 저서《보수 경향의 심리학》에서 논쟁의 대상이 되는 성, 인종, 종교, 법과 벌, 예술, 과학 등에 대한 태도가 보수 경향이라고 하는 일반인자를 중심으로 해서 끊임없이 어떻게 체제화되고 있는지를 서술했다. 또 많은 실험적 연구를 통하여 사람들 태도의 밑바탕에는 불확실한 상황에 대한 반응이 일반화하고 있음을 발견했다.

보수적인 사람들이 과학의 진보에 저항하는 것은 세상의 변화에 위협을 느끼기 때문이다. 같은 이유에서 그들은 현상유지형의 정치가에게 투표하고, 교회에 가고, 안정된 인간관계를 유지한다.

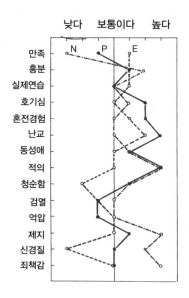

낮다　보통이다　높다

외향형(E), 신경증형(N), 정신병형(P)의 세 무리가 표시된 이 태도 프로필은 E와 P가 난교와 호기심에 결부되어 있음을 보여 준다. ─ 아이젠크

　자유주의자는 안정보다도 새로움이나 모험과 같은 면을 추구하기 때문에 성에 대해서는 개방적이고, 한곳에 집착하지 않으며, 육체적으로 습관성이 없는 환각제나 현대 미술 또는 초음속 항공기를 좋아한다. 성관계에서 다양성을 좋아하는 이유는 불확실한 상황을 두려워하지 않는 태도의 일부분이 노출된 것이다.

사회적·정치적 태도의 심리적 기초

막연한 두려움	일반적인 보수 경향
위험의 원천	태도의 표출
· 태도의 표출 · 초자연력 · 죽음 · 예측 불가능한 일 · 모호함	· 미신 · 종교적 교조주의
· 무정부 · 사회적 붕괴	· 우익적 정치
· 잘 모르는 사람들 · 외국의 영향력 · 일탈행동	· 자민족 중심주의 · 군국주의 · 소집단 사회에 대한 편협
· 아노미(바탕의 결여) · 무질서 · 의견의 차이	· 권위주의 · 징벌
· 결정 · 자기의 감정과 욕망의 조절 상실	· 엄격한 도덕성 · 반쾌락주의 · 외적 권위에 대한 충실성
· 복잡성 · 새로움 · 혁신	· 전통존중 · 동조성
· 과학기술의 변혁 · 전통적 이념의 침식	· 반과학

성에 대한 태도에서 보수적인 사람들은 안정을 추구하지만 자유주의적인 사람들은 흥분과 변화를 요구한다. - 윌슨

미혼 대학생의 성행동

구분	남자		여자	
	외향형(%)	내향형(%)	외향형(%)	내향형(%)
자위행위를 하고 있다	7	86	39	47
페팅	78	57	76	62
성교	77	47	71	42
긴 전희를 한다	28	21	18	21
커닐링구스	64	52	69	58
펠라티오	69	53	61	53
세 가지 이상의 성교 체위	26	10	13	12

보수적 태도와 혼전의 순결성과의 결합은 뉴질랜드에 있는 와이키트대학의 토머스 박사의 조사로 최근 확인되었다. 그는 학생 337명에게 성 경험을 평가하는 설문과 함께 보수 경향 척도를 실시했다. 그 결과 보수 경향 점수가 높은 학생 쪽이 자유주의 경향점수가 높은 학생보다 동정(처녀성)의 수가 훨씬 많았다. 이것은 태도가 어느 정도까지 성행동을 결정하는가를 보여 주는 것이다.

그러나 자신이 이전에 취한 행동에 일치시키기 위해서, 또는 정당화시키기 위해서 태도가 변모한다는 점도 감안해야 한다. 남성보다도 여성의 경우에 보수적 경향과 순결이 긴밀한 것은 흥미 있는 일이다. 이것은 아마 여성의 성행동에 대해서는 태도가 큰 제약 요인으로 따르기 때문일 것이다. 남성은 하나같이 상당히 관용적이며, 그들의 주된 성행동의 제약 요인은 기회였다.

혼외정사를 갖는 여성

대개의 남성에게는 무슨 일이든 할 수 있는 자유와 기회가 충분히 주어질 것이다. 그런데 혼외정사에 대해서는 사회적 이유에서인지 생물학적 이유에서인지 오히려 여성 쪽이 훨씬 다양한 경험을 보여 주고 있다. 따라서 여성들이 혼외정사의 경험을 하게 만드는 요인에 대해서 알아보는 것도 흥미가 있을 것이다.

필라델피아에 있는 템플대학의 로버트 벨은 특히 어떤 성향의 아내가 혼외정사에 쏠리기 쉬운가를 확인하는 조사를 했다. 그리고 그들이 표본으로 고른 기혼 여성 2,262명 중 26퍼센트가 혼외정사를 경험하고 있음을 알았다.

이 집단 중 대부분의 여성이 여러 명의 정부情夫를 두고 있었으며, 평균 6회 정도 관계를 맺는 것으로 나타났다. 벨의 연구 결과에 의하면, 대부분의 혼외정사의 경험이 있는 여성은 그것이 좋다, 또는 좋아졌다고 말했다고 한다. 이렇게 혼외정사의 경험이 있는 여성과 경험이 없는 여성의 성향을 비교한다면 모험을 좋아하는 아내와 성실한 아내로 양분할 수 있다.

예상한 대로 결혼생활이 재미가 없다고 평가하는 여성이 혼외정사에 쉽게 빠졌다. 그러나 행복한 결혼을 하고 있는 여성 중에도 혼외정사에 빠지는 경우가 있다는 사실은 다른 여러 가지 요인도 포함하고 있음을 보여 준다. 특히, 포르노 소설을 읽거나 구강성교나 항문성교를 좋아하고 결혼 후에도 자위를 계속 하는 등 자유로운 생활방식을 좋아하는 여성은 결혼생활이 순조로워도 혼외정사를 갖는 것으로 보였다.

다양한 비율로 나타난 여성의 혼외 경험

1. 결혼 평가가 낮다. 펠라티오를 좋아하거나 무관심하다. 부부 간의 성관계에 대한 평가가 낮다.	81%
2. 결혼 평가가 높다. 포르노 소설을 읽는다. 자위를 해왔다. 항문 성교를 좋아하거나 무관심하다.	71%
3. 결혼 평가가 높다. 포르노 소설을 읽는다. 자위를 해 왔다. 항문 성교를 싫어한다. 결혼 기간이 길다.	18%
4. 결혼 평가가 낮다. 펠라티오를 좋아하지 않는다. 정치적으로 보수 경향을 띤다.	0%

결혼의 성공은 아내가 혼외정사를 하는 것과 하지 않는 것과는 별로 관계가 없다. 성생활에 대한 태도와 같이 다른 요인도 포함되어 있다. ─벨

이 문제에 관계가 있는 그 밖의 요인으로는 정치적인 경향과 지리적인 의미에서의 소재지 등이 있다. 또, 정치적으로 보수적인 여성이나 산악지대, 또는 대초원지대에 사는 여성들 쪽이 혼외정사에 빠지는 비율이 낮다. 이것은 자신이 결혼상대로 택한 남편의 태도, 사회적 풍토의 지역차이 등의 상황 요인도 또한 분명히 영향을 주고 있음을 입증해 준다.

|남|녀|의|성|심|리|리|서|치|
Loves Mysteries-The Psychology of Sexual Attraction

제4강

성의 역사에
대하여

07. 동성애, 그리고 이상 성욕

지금까지 연애는 마치 매력적인 성인 남녀 사이에서만 일어나는 것처럼 거론되어 왔다. 물론 이것은 통계적으로나 생물학적으로 일반적인 사실이기는 하다.

그러나 사람들의 관심은 상황에 따라 변화한다. 즉, 최대의 흥분은 때에 따라서 변하고, 성 지향도 사람에 따라서 상당한 차이가 있다. 그것은 개인의 선천적, 후천적 문제, 그리고 문화와 환경의 영향으로 인해 나타나는 현상 중 하나로 볼 수 있을 것이다. 그 중에서 가장 널리 퍼지고 잘 알려져 있는 것이 동성애다.

동성애는 얼마나 퍼져 있는가?

동성애는 원시 문화, 선진 문화, 고전 문화, 현대 문화까지 거의 모든 문화에서 확인되고 있다. 특히, 고대 그리스에서는 동성애가 성행하여 마치 고급 문명의 상징처럼 여겨지기도 했다. 플라톤과 같은 위대한 철학자들도 동성애를 시인했으며, 운동선수 중 젊은 남성에 대한 찬미를 담은 조각이나 미술품도 많았다.

로마 제국의 경우, 동성애가 흔히 있는 일이기는 했으나 그다지 호응을 받지는 못했다. 그럼에도 불구하고 로마 제국의 멸망을 경고하는 부도덕과 타락의 한 단면으로서 받아들여졌다.

킨제이의 연구에 의하면 1940년대에서 1950년대에 걸쳐 남성의 4 퍼센트가 청년기 이후에 동성애에 빠졌다고 한다. 또한, 전체 남성의 4분의 1은 우연이라고 할 수 없는 적극적인 동성애 경험이 있다고 한다. 이 조사가 행해진 당시에는 동성애를 반대하는 분위기가 고조되고 있었기 때문에 그것을 감안한다면 이 숫자가 과대포장 되었다고는 하지 못할 것이다.

모든 사회 집단에서 발견된 동성애는, 특히 35세까지의 독신 남성 중 50퍼센트나 될 정도로 동성애의 비율이 높았다. 킨제이의 연구 이후에 행해진 조사 역시 이런 추정치를 뒷받침해 주고 있다. 동성애의 대한 강한 반발에도 불구하고 상당히 많은 남성들이 어떤 형태로든 동성애 경험이 있다는 것이다. 하지만 여성의 경우에는 상황이 매우 다르다. 동성애에 빠져 있는 여성은 전체 남성 동성연애자의 3분의 1도 되지 않는다.

킨제이의 보고에 따르면 청년기 이후 남성의 37퍼센트가 오르가슴에 도달하는 동성애를 경험하고 있는 것에 비해 여성은 13퍼센트에 불과하다. 또한 생애의 어느 시기에 동성애에만 빠져 있었다고 보고한 여성 또한 남성의 10퍼센트에 비해 3퍼센트에 지나지 않았다.

동성애의 실체

대개 동성애 남성은 여러 형태의 성행위에 빠지는데, 개개인은 자신이 특히 좋아하는 성 표현 양식을 하나씩 가지고 있게 마련이다. 가장 널리 행해지고 있는 행동은 상호 마스터베이션과 펠라티오지만 항문 성교도 꽤 많다.

레즈비언 사이에서는 클리토리스의 상호 자극이나 커닐링구스, 그리고 별로 많지는 않지만 인공 페니스를 사용하는 경우도 있다. 사디즘, 마조히즘적 애정표현이 성행하리라고 생각하는 사람도 많지만 실제로는 그와 반대로 전혀 인기가 없다.

동성연애자에 따라서는 능동적인 역할이든 수동적인 역할이든 어느 한 역할만 행하는 사람이 있다. 그러나 대개는 두 사람이 적극적(남성) 역할과 수동적(여성) 역할을 서로 번갈아가며 맡는다.

동성애적 접촉 횟수는 여성보다 남성이 훨씬 많다. 남성은 불특정한 상대와 접촉하기를 좋아하고, 난교의 경향이 있는데, 평균적인 동성애 남성은 평생 동안 약 1천 명을 상대하는 것으로 추정된다. 게다가 그 1천 명 중 대부분은 처음 본 상대이기 때문에 성관계도 한 번 밖에는 갖지 않으며 이로 인해 당연하게도 관심이나 애정을 띠는 일은 거의 드물다.

이것은 평생 동안 약 10명의 파트너를 가지며 그 대부분의 사람과 개인적인 관계를 맺는 이성애를 하는 남성과는 대조적이다. 이와 같은 난교 때문에 동성애를 하는 남성은 거의 대부분이 정상적인 성교와 항문 성교에 의해서 전염되는 성병에 걸리는 비율이 매우 높다.

동성애를 하는 여성의 성행위 횟수는 남성보다 적다. 그리고 그 대부분이 오래 지속되고, 어느 정도의 약속이나 애정을 띠고 있다. 그것은 이성애를 하는 여성의 생활 방식과 비슷한 것으로 보인다.

동성연애자의 행위 횟수는 각양각색이다. 앨런 벨이 캘리포니아에서 조사한 바에 의하면 놀랍게도 백인 남성의 16퍼센트가 주 평균 4회 이상 성행위를 하는 것으로 나타났다. 많아야 한 달에 한번 밖에 하지 않는다고 한 남성도 같은 비율이었다. 동성연애자는 머릿속에 성교 생각밖에 없을 것이라는 비난을 자주 받지만, 벨의 자료는 동성연애자의 성행위에 대한 관심이 이성애 남성의 그것에 대한 관심보다도 실체에 있어서는 낮다는 것을 보여 준다.

뿐만 아니라 동성애 남성의 18퍼센트가 낮에는 성행위에 대한 것을 '전혀'라고 말해도 좋은 정도로 생각하지 않는다고 단언했다. 전혀 거짓 없이 이렇게 말할 수 있는 정상적인 남성이 도대체 몇 명이나 있을까? 어쨌든 동성애 남성의 성충동이 낮다고 하는 이런 주장은 앞으로 언급할 호르몬에 대한 설명으로 어느 정도 타당성을 인정받게 된다.

동성애와 이성애

흔히 동성애를 하는 남자라면 손목이 가늘고, 목소리가 나긋나긋하고, 새침하고 말수가 적으며, 얌전하게 행동하는 사람일 거라는 고정관념을 가지고 있다. 그러나 대개의 고정관념처럼 이것 역시 부분적인 진실일 뿐이다.

남성 동성연애자 중 몇몇은 확실히 여성스러운 행동을 하는 사람이 있다. 이 문제를 연구하기 위해서 하버드대학교 의과대학의 정신과 의사 4명이 여성스러움을 평가하는 기준표를 작성했다.

그 결과 동성연애자들은 이성연애자로 이루어진 대조군에 비해서 여성성 점수가 특별히 높지는 않았다. 그러나 각 집단 안에서는 점수에 차이가 많았고, 양쪽 무리 사이에는 점수에 상당한 중복이 있었다. 아래의 평가기준으로 조사한 결과 여성스럽다고 여겨지는 항목의 평균 수는 동성애자의 경우 7가지에 불과했다.

이와 같이 동성애를 하는 남성은 여성적인 특징을 나타내는 기회가 증가하기는 해도 고정관념에 일치하는 경우는 대단히 적고, 보통 남자와 마찬가지로 남성적인 경우가 훨씬 많았다. 하지만 남자다움을 나타내는 레즈비언의 비율에 대해서는 그다지 알려져 있지 않다. 그러나 상황은 남성 동성연애자들과 비슷할 것으로 추측한다. 전부는 아니지만 일부 여성 동성연애자들의 용모, 옷차림, 태도를 관찰하면 남성적인 면모를 갖추고 있다.

여성스러움의 평가 기준

이야기 태도

1. 높은 목소리(일관해서 높은 목소리를 내거나 때때로 가성을 쓴다)로 말하는가?
2. 문장의 한가운데, 또는 끝에서 목소리가 차츰 작아지는가?
3. 여러 가지 의미를 변화시키는 접미사, 예를 들면, drink 대신에 drinkie, 또는 drinkie-pooh(주: 친근감이나 드물게는 경멸의 뜻을 가지고 있는 접미사, 예를 들면, 돈 →돈푼, 아들 → 아들놈 따위)가 붙은 명사를 사용하는가?

걷는 방법

4. 조심스럽게 잰 걸음으로 걷는가?
5. 무릎이 닿게 오므리고 걷는가?
6. 걸을 때 엉덩이를 심하게 흔드는가?

자세

7. 앉을 때 다리를 포개놓는가? 즉, 무릎과 발목을 겹치는가?
8. 손목을 나긋나긋하게 움직이는가?
9. 조각과 같은 제스처를 쓰는가?

입의 움직임

10. 얘기를 할 때 입술을 오므리는가?
11. 얘기를 하지 않을 때 입술을 오므리는가?

얼굴 윗부분과 눈

12. 색정적인 눈길을 보내는가?
13. 살짝 상대의 눈길과 마주치는가?
14. 말을 강조할 때 눈썹을 치켜 올리는가?

신체적 자기 도취

15. 얼굴을 쓰다듬거나 머리나 수염을 쓰다듬는 등 자신의 몸을 애무 하는가?

여자다움의 평가를 위해 학자들은 위와 같은 설문을 사용하고 있다.
답에서 '예'가 많을수록 여성스러운 성향이 강하다. 동성애 남성군은 평균적 이성 연애자보다 2배의 점수를 얻었다. 단, 각 군 안에서 점수의 차이가 크고, 몇 가지의 중복이 있었다. - A.F. 샤츠 버크

동성연애자가 느끼는 매력

앞서 앨런 벨의 조사로 남성 동성연애자를 흥분시키는 자극과 상대에게 요구하는 것이 무엇인가에 대한 정보가 수집되었다. 표본으로 뽑은 사람들 대다수는 사교장에서 미남을 만나는 것과 같이, 지극히 일반적이고 삶과 관련이 적은 상황을 예로 들었다. 더 특정적인 에로틱한 자극이나 신체의 어느 부분, 또는 원하는 상대의 특징을 든 남자의 백분율을 살펴보면 다음과 같다.

동성애 남성을 흥분시키는 자극(%)

큰 키	13
윤기 흐르는 유색 머리카락	21
색깔 있는 눈	7
상냥한 얼굴	13
젊음	9
근육질의 몸	22
짙은 체모	8
남자의 벗은 가슴	42
털이 없는 몸	7
남자의 엉덩이	37
남성 생식기의 사진	36
큰 페니스	12
큰 고환	7

미국에서 575명의 남성 동성연애자들을 대상으로 실시한 실험에서, 그들은 섹스 파트너를 흥분시키는 자극, 또는 요구하는 자극으로서 위와 같은 부분을 제시했다. - 벨

남성의 신체에서 가장 자극적인 부분은 가슴이며, 그 다음이 엉덩이였다. 또 생식기 자체에 대해서도 상당히 많은 관심을 나타냈다. 가장 이상적인 상대로 여기는 것 중에는 근육질의 튼튼한 몸, 윤기 흐르는 유색 머리카락, 호감이 가는 얼굴, 큰 키, 큰 페니스 등이었다.

남성의 신체적 특징으로 무엇이 가장 돋보이는가 하는 질문을 받았을 때 표시한 여성의 대답과 이들 동성연애자의 선호도는 매우 유사했다.

동성애와의 결혼

동성연애자의 50퍼센트 이상은 언젠가 결혼을 한다. 결혼한 동성연애자를 조사한 네덜란드의 F. 웨이펠바커는, "배우자들 중에는 결혼 후에야 상대가 동성애적 성향을 가지고 있음을 알게 된 사람이 있는가 하면, 다른 한편으로는 동성에 대한 관심을 깨뜨릴 수 있지 않을까 하는 희망을 가지고 결혼한 사람도 있다"라고 했다.

상대의 동성애적 욕망을 없앨 수 있으리라는 희망을 가지고 결혼을 강요한 사례도 있다. 반면, 사회적 압력과는 관계없이 안정감과 가정적 애정과 포근한 생활이 이루어지리라는 희망에서 결혼할 생각을 갖는 동성연애자도 많다. 이러한 희망은 이성연애자도 가지고 있다. 부부 중 한 명이 동성연애자인 경우, 그들의 결혼이 나아가는 전형적인 과정을 학자들은 다음과 같이 말한다.

"처음부터 사랑의 행위가 많지 않으며, 동성연애자가 우연히 만난 사람을 상대하거나 배우자에게 냉담한 태도를 취하게 되어 이중생활로 발전해 간다. 동성연애자의 대부분은 결국 자신의 참된 욕망을 배우자에게 나타내게 된다. 이것은 보통 부부 쌍방에게 큰 해방감을 주고, 함께 이 문제를 풀고자 하는 연대감을 불러일으키게 된다."

그러나 그것도 곧 이성연애자의 의혹과 불신으로 바뀌고 만다. 이혼하는 대신에 보통은 다른 형식의 적응을 취하게 된다. 이렇게 해서 가정의 형태와 안정감과 우정이 유지된다.

플라토닉 러브의 형식을 택하는 부부도 있지만. 그렇지 않은 경우에는 동성연애자가 동성의 제3자와 공공연한 관계를 맺어 이중결혼 상태가 되는 경우도 있으며, 부부가 양쪽 모두 공공연하게 새로운 관계를 가지고, 때로는 새로운 상대를 자신의 가정에 끌어들이는 수도 있다. 이와 같은 경우를 교체결혼交替結婚 또는 개방결혼開放結婚이라고 부른다.

동성애를 일으키는 원인

동성애가 어떻게 생겨났는가에 대한 의견에는 아직 일치점이 없다. 그런데 남성 동성연애자에 대한 주목되는 이론 한 가지가 프로이트 학파에 의해서 제창되었다. 그들은 유아기의 스트레스와 부모의 특징, 특히 지배적이고 과잉보호적인 어머니와 유약하면서도 가정에 대해서 무관심한 아버지 상과의 결합을 강조한다. 즉, 이러한 상황이 남성적인 아버지 상에 대한 올바른 인식을 주지 못하고, 동시에 여성 일반에 대한 공포와 증오를 주게 된다는 것이다.

그러나 어머니가 동성애의 아들에 대해서 별달리 거부 반응이 없는 반면, 아버지가 냉담하고 거부하는 경향을 어느 정도 지니고 있다고 해도 위의 주장과는 인과관계가 있을 것 같지 않다. 부모의 태도 역시 그들의 자식이 동성애로 자란 사실에 대해서 2차적 영향력을 줄 뿐인 것이다.

정신분석 이론으로는 레즈비언의 경향을 설명할 수 없다. 그리고 동성애에 대한 여러 가지 사실, 예컨대 같은 부모 밑에서 자란 아이들 중에서도 한 명만이 동성연애자가 되고 다른 사람은 그렇지 않은 사실을 설명할 방법도 없다.

동성애의 기원에는 유전적인 것이 관계되어 있음을 보여 주는 상당히 유력한 증거가 있다. 1952년에 F.J. 칼만은 동일한 유전자를 가진 일란성 쌍생아 37쌍의 표본에 근거한 연구 결과를 발표했다.

어느 경우에서나 한 명이 동성연애자면 다른 쌍생아도 동성연애자였다. 이에 반해서 유전자가 동일하지 않은 이란성 쌍생아의 표본에서는 일치도가 15퍼센트 이하였다.

헤스톤은 일란성 쌍생아 세 쌍을 포함해서 아이가 14명 있는 어느 가정을 조사했다. 두 쌍의 쌍생아는 모두 동성연애자였고, 세 쌍 째의 쌍생아는 이성연애자였다.

이 자료에서 유전적 동성연애자인 일란성 쌍생아가 몇 쌍 발견되었다. 이것으로 보아 유전은 분명히 어느 정도까지는 관계가 있으나 완전한 설명은 되지 않는다.

호르몬이 동물이나 인간에게 주는 효과의 연구도 동성애의 본성을 해명하는 근거를 제공해 준다. 출생 전후(사람의 경우에는 직전)에 생식선에서 방출된 호르몬이 대뇌 중추의 시상하부라 부르는 곳으로 생각되는 어느 부위로 가고, 그곳에서 그 호르몬은 청년기의 성에 대한 방향을 발전시키기 위해서 미리 뇌를 조정하는 작용을 한다. 즉, 출생 직전에 순환하는 호르몬에 따라서 대뇌는 남성이나 여성의 어느 쪽에서 결정된다고 말 할 수 있다. 그런데 성별이나 해부학적 특징은 남성인데 대뇌가 남성화의 지령을 호르몬으로부터 받지 못해서 때때로 이 사전 조정이 잘 안 되는 수가 있다. 이것은 여성 호르몬의 과잉이나 남성 호르몬 테스토스테론의 부족 때문에 생기는 것일지도 모른다.

동성애의 남성이 여성형 대뇌를 가지고 있으면 성인기에 시상하부의 통제 아래 있는 뇌하수체에서 호르몬이 방출될 때도 영향을 준다.

테스토스테론은 성의 방향 결정에 관계한다

100ml당 평균 테스토스테론 수치 및 표준 편차(단위 100억분의 1그램)	
이성애 대조군	689(±26)
주로 이성애지만 우연히 동성애	775(±51)
양성애(이성애와 동성애 반반)	681(±126)
주로 동성애지만 우연히 아닌 이성애	569(±65)
주로 동성애지만 우연히 이성애	372(±22)
오직 동성애	264(±15)

서로 다른 혈장 테스토스테론 수치가 다양한 동성애 남성들에게서 발견되었다.
— 콜로드니

혈액 중의 테스토스테론은 극히 미량이다. 이를 측정할 때는 10억분의 1그램에 해당하는 나노그램을 사용한다. 이것을 정확하게 측정할 수 있는 방법은 1971년 하버드대학교 의과대학의 R.C. 콜로드니와 미주리 주의 센트루이스 생식·생물학 연구재단의 W.H. 매스터즈에 의해 발견되었다. 동성애 남성들이 테스토스테론 수치가 이상하게 낮은 것을 발견해 낸 것이다.

이 연구에는 임의로 선정된 피실험자 30명이 협력했다. 그들은 모두 화학적으로 건강한 상태였으며, 동성애자였다. 코로도니와 매스터즈는 그들의 테스토스테론을 측정하고 이성애의 남성 50명에게서 취한 것과 비교했다. 이때 누구의 혈액 표본인지 검사자가 알 수 없도록 했다.

다음의 표는 이성연애자와 동성연애자의 평균 테스토스테론 수치를 나타내고 있다. 여성에 대해서 거의, 또는 전혀 관심이 없는 동성연애자는 대조군에 비해서 테스토스테론 수치가 현저하게 낮아진다.

한편 양성연애자는 이성연애자로 이루어진 대조군과 같은 정도의 테스토스테론을 가지고 있었다. 그리고 오직 동성애를 하고 사람들과 거기에 가까운 사람들은 대조군에 비해서 정자의 수가 유난히 적고 기형도 많았다. 그러나 실제로 생식 능력이 없는 사람은 없었다.

한편, J.A. 론렌느가 행한 다른 연구에서는 남녀 동성연애자의 소변을 분석하여 호르몬의 함유량을 조사했다. 동성애 남성의 테스토스테론 수치가 이성애 남성보다 낮았다는 의미에서 이 연구 결과는 콜로도니의 연구 결과와 일치한다. 또한, 레즈비언의 소변에는 이성애 여성의 소변보다 테스토스테론이 훨씬 많고 에스트로겐은 적다는 것을 알아냈다.

여성 주기

- '이브닝 찰즈'라는 이름을 사용함
- 특정 남성에게 심하게 반함
- 여성에게 전혀 매력을 느끼지 않음
- 빈번한 발기와 강한 성충동을 느낌
- 수동적 성격을 보임
- 때때로 우울해짐
- 아이에게 엄마처럼 해주고 싶은 충동을 일으킴
- 남의 생각이나 친구에 대해서 이해심을 나타냄
- 요리, 청소와 같은 가사에 몰두함
- 예술적 · 창조적 · 주관적인 성격을 보임 – 시, 그림, 산책, 음악
- 감상에 대한 관심을 보임
- 목소리가 높음
- 걸음걸이가 얌전하고 조심스러움
- 수염이 더디게 자람

남성 주기

- 자신의 이름을 사용함
- 남성에 대해서 전혀 매력을 느끼지 않음
- 여성에게 별로 매력을 느끼지 않음
- 발기의 횟수도 성충동도 적음
- 공격적 성격을 나타냄
- 가끔 경솔하고 조급하게 행동함
- 엄마 같은 행동을 흉내 내지 않음
- 남의 생각을 받아들이지 않고, 논의를 좋아하고 빈정거림
- 지적인 일에 몰두하고, '예리한' 생각, '재빠른' 반응을 보임
- 강박적인 태도, 객관적 견해를 보이고 세계 정세 · 정치 · 과학에 대한
- 관심이 고양됨
- 목소리가 낮음
- 걸음걸이가 오리처럼 뒤뚱거림
- 수염이 빨리 자람

튜레인대학교 의과대학의 헤럴드 리프는 11세에서 23세 사이의 남성적 성 지향과 여성적 성 지향의 주기를 번갈아 보여준 한 남성의 흥미 있는 사례를 보고하고 있다. 남성 주기와 여성 주기는 각각 3일이나 4일간 계속되고, 2~3시간의 이행 기간 중 그는 침착성을 잃고 긴장 상태를 보였다. 부모나 같은 방을 사용하는 사람에 의해서 확인된 양 주기 사이에 있는 이 환자의 특징은 위의 표와 같이 드러났다.

이러한 주기가 남성 호르몬이나 여성 호르몬의 조화 변동과 관계가 있는지 어떤지는 직접적으로 밝혀지지 않았지만 다양한 간접적인 증거가 있었다.

치료가 시작되면서부터 환자의 상태가 상당히 안정되었고, 남성적인 외형과 동성애적인 경향 모두를 다 보였다.

동시에 동성연애자의 호르몬 이상을 확인하였다. 이것은 동성애에 대한 생화학 이론과도 일치한다. 그러나 이러한 연구도 호르몬이 동성애적 행위의 원인이라는 것을 완전히 증명할 수는 없다.

동성애 경향이 오래 지속되면 호르몬 생산에 영향을 준다고 생각할 수도 있다. 즉, 테스토스테론 수치와 에스트로겐 수치의 변화는 동성애적 관점의 결과이지 원인은 아니라는 뜻이다. 이용 가능한 증거로 보아서 결과설 쪽이 이치에 맞는 것처럼 생각되지만, 닭이 먼저냐 달걀이 먼저냐 하는 문제와 결코 다르다고 생각할 수 없다.

이처럼 생화학적 이론은 동성애의 기원에 대한 문제에 흡족하게 설명을 하지 못하고 있다. 쥐와 원숭이에 의한 연구는 수컷이 태어나서 곧, 또는 그 후에 동료 암컷으로부터 격리되면 동성애적 경향이 나타나기 쉽다는 것을 보여 주고 있다.

인간에게 있어서도 마찬가지로 형무소나 학교 기숙사, 선박과 같이 성적으로 격리된 장소에 놓이면 동성애적 행위가 빈발한다. 그러나 이성과 사귈 수 있게 되면 대개의 사람은 이성애 쪽으로 돌아선다. 반면 어떤 사람에게는 계속 그런 증상이 남아 있다는 것도 주목할 만한 일이다. 즉, 동성애적 행위에 대한 선호가 완전히 몸에 익어서 계속 동성애에 열중하는 사람도 있는 것이다.

몇몇 이론가들은 동성애 경향을 가진 사람이 동성연애자 집단의 문화에 젖어들게 되면 모방 학습의 효과가 있다고 지적해 왔다. 여성으로부터 받은 최초의 상처가 원인이 된 이성 공포증이 영향을 준다는 몇 가지의 사례도 있다.

그러나 동성연애자도 여러 종류가 있으며, 그 다양한 요인이 무게가 각각 다르다는 것을 고려하지 않으면 안 된다. 남성끼리의 동성애와 여성끼리의 동성애가 다르고, 동성애만 하는 사람과 양성애를 하는 사람이 분명하게 다르므로 그들을 같이 취급할 수는 없기 때문에 심도 깊은 연구가 필요하다.

남성 동성애와 여성 동성애의 비교

동성애에 대해서 가장 확실한 사실은 이러한 경향을 가진 남성이 적어도 3대 1의 비율로 여성보다 많다는 것이다. 이것은 일반적인 통념상 여성끼리라면 남 앞에서 몸을 만지거나 키스를 할 수 있지만 같은 행위를 남성끼리 하면 놀라운 일로 받아들인다는 사실과도 관계가 있는 것 같다. 그러나 이런 단편적인 설명으로는 성적 차이를 밝혀낼 수 없다.

그렇다면 남성 동성연애자가 여성 동성연애자보다 많은 이유를 무엇으로 설명할 수 있을까?

이 성적 차이는 남성도 여성도 비슷한 강도로 가정생활의 스트레스와 성 역할의 학습에 따르는 여러 문제의 영향을 받기 쉽기 때문에 정신분석이나 사회학 이론으로는 쉽게 설명이 되지 않는다.

한편, 사회적 격리가 남성의 동성애의 원인이 된다고도 생각할 수 있다. 남성이 여성보다 격리된 상태에 놓이는 일이 많기 때문이다. 그러나 오늘 이러한 차이가 점점 적어지고 있음에도 불구하고 남녀의 동성애 비율에는 아무런 변화를 보이지 않는다.

이런 문제점들에 비한다면 유전적 요인과 생화학적 요인은 이성적 차이를 아주 잘 설명하고 있다고 볼 수 있다. 먼저 유전에는 성 링키지Linkage(주: 유전자가 성염색체에 내려앉는 것)라는 기구가 있다.

X염색체를 보충하거나 메울 수 있는 유전 물질이 남성의 Y염색체에는 사실상 없기 때문에 남성은 온갖 형태의 유전적 이상을 계승하기 쉽다. 여성은 다행히 어머니에게서 받은 X염색체에 위치하는 많은 변화의 가능성을 없앨 수 있는 아버지에게서 받은 제2의 X염색체를 가지고 있다.

색맹, 혈우병, 소아정신병 등의 장애는 여성보다도 남성에게 몇 배나 많이 발생한다. 이것은 이러한 장애의 유전적 기초가 성염색체에 깊이 뿌리박고 있기 때문이다.

우리는 동성애가 한편으로는 유전적인 것임을 밝혔다. 역설적으로 들릴지 모르지만 동성애와 관계가 있는 유전자가 만약 X염색체에 내려앉는다면 여성보다도 남성에게 이상 증상이 많이 나타날 것이다.

그런데 유전자의 이상이 동성애의 여성 대 남성의 비율과 실제로는 같지 않다는 점에서 이 해석에 대한 반론이 제기되는 경우도 있고, 남성적인 관심이나 행동으로 이끄는 요소가 되는 경우도 있다.

유전자에 들어 있는 유전적 요소에는 남녀의 태아 호르몬의 산출을 전반적으로 방해하는 것과 같은 비특수 효과가 어느 정도 있지 않을까 생각한다.

남성 대 여성의 비율을 가장 무리 없이 설명할 수 있는 이론은 생화학 이론이다. 이 이론에 의하면 출생 직전이나 그 전후에 생식선이 반대 방향의 호르몬 지시를 하기까지는, 아니면 하지 않는 한 태아는 모두 여성이라는 것이다. 이것은 태아를 남성으로 만들기 위해서는 또 한 단계가 필요하다는 것을 의미한다. 따라서 이 과정에서 이상이 생기는 경우가 있는 것이다.

특히, Y염색체의 지시에 따라 육체의 외적 특징이 바뀌면서 시상하부에 있는 대뇌에 관련이 있는 중추가 변하지 않는 경우가 더러 있다는 것은 잘 알려져 있다. 이러한 경우에 왜 반대의 경우보다 훨씬 많이 생기는지는 쉽게 알 수 있다. 어떤 순간 남성 호르몬의 집중으로 다른 어느 기관에도 영향을 주지 않고 성의 방향을 결정하는 대뇌의 영역을 남성화 하는 것이라고 보기에는 무리가 있기 때문이다.

다시 말해서 대뇌의 심층부에 있는 작은 영역이 그 영역 이외의 다른 신체 부위보다도 테스토스테론의 영향을 받기 어렵다고 말할 수 있다. 따라서 동성애에 있어서 남성 대 여성의 높은 성적 비율은 동성애에 대한 생화학 이론을 훌륭하게 뒷받침하고 있다고 할 수 있다.

그러나 이것으로 모든 것을 다 설명했다고는 할 수 없을 것이다. 콜로도니의 보고에서 알려진 것처럼 같은 남성 동성애의 정도에 의한 테스토스테론 수치는 동성애만 추구하는 사람이 양성연애자와는 다른 생화학적 기초를 가지고 있음을 보여 주고 있다.

어쩌면 이성의 남성에게서 우발적으로 일어나는 동성애적 행동은 이성애적 충동이 넘친 결과라고 볼 수 있을지도 모른다. 이와 같은 이론은 많은 도착 증세가 주로 남성에게만 일어난다는 사실을 설명하는 데도 도움이 될지 모른다.

출생 전에 받은 남성으로서의 방향 결정에 의해서 젊은 여성의 외음부와 같은 일종의 이상적인 표적이 규정된다고 생각한다면, 그리고 청년기 이후의 남성은 테스토스테론의 순환이 두드러지게 강해지기 때문에 성충동이 강하다는 것을 인정한다면, 그들이 표적의 중심 주위에 몇 개의 총알을 뿌리면서 몇 번이나 '저격'을 하리라고 기대할 수 있을 것이다.

그런 표적과 유사한 것으로는 동년배의 여성, 어린 여아, 여성의 팬티와 부츠, 그리고 장발인 젊은 남성의 뒷모습 등이 있다.

앞서의 표에서 테스토스테론 최고치가 이성애밖에 하지 않는 사람에게서가 아니라 때때로 동성애도 하는 이성연애자 쪽에서 보인 것은 의외의 일이다. 이 이론은 매력적인 상대가 없어도 여성은 남성만큼 자위행위를 하지 않고, 여성만의 집단 속에 격리되어도 동성애의 배출구를 찾지 않는 사실에도 잘 부합된다. 성충동이 낮기 때문에 여성은 성적 대상을 선택하는 일에 남성보다 변덕스럽지 않다.

이것으로 남성 동성연애자의 수가 여성보다 많다는 것에 대해서 생각할 수 있는 다음과 같은 세 가지 요인이 제시되었다.

(1) 유전적 기초에 있어서의 성 링키지.

(2) 성의 방향 결정에 관계가 있는 대뇌중추가 신체의 다른 부위와 같이 남성화되지 않은 것.

(3) 이와 같은 요인 중 어느 것이, 아니 어쩌면 모든 요인이 관계되어 있을 것이다.

동성애의 치료

지금까지 소개한 이론으로 무엇을 규명할 수 있을까? 이러한 이론은 어떤 심리학적 요법이나 화학적인 요법도 동성애에 대해서는 상당히 애를 먹는다는 것을 암시하고 있다.

동성애적 행동은, 그 행동에 대한 공포와 억제를 심어 줌으로써 인공적으로 억누를 수 있을지는 모르지만, 그 기원이 태아기에 있고 신경학적인 것이라면 이성애적 관심을 만들 수 있는 방법은 전혀 없다. 물론 테스토스테론 정제나 주사도 효과가 없다. 그 이유는 그것이 현재 순환하고 있는 테스토스테론의 수치가 아니라 대뇌의 발육 중에 사용되는 수치이기 때문이다.

한편, 양성 연애 경험이 있는 동성애자들은 이미 어느 정도 이성애적 관심을 가지고 있기 때문에 사회적 압력이나 심리 요법이나 조건에 따라서 발달시킨다면 이성애 방향으로 바꾸게 할 수가 있을 것이다. 하지만 과거에 이성애적 사랑을 해본 적이 없는 한 이러한 시도는 실패로 끝날 가능성이 많다. 지금까지 연구한 바로는 동성애밖에 하지 않은 남성은 어떤 치료에서도 반응이 없었다. 문제는 동성애에 대해서 치료 방법을 강구해야 하는가? 라는 것이다.

정신의학적으로 볼 때 동성연애자를 환자라고 단언할 만한 증거는 없다. 다만 우울이나 불안의 위험이 조금 증가하고 있음을 알 수 있는데 이는 그들의 행동에 대한 사회의 편협한 태도에 의해서 쉽게 설명이 된다. 그리고 동성애에 대한 연구는 정신의학에 도움을 구하는 사람을 대상으로 하는 수가 많고, 사회에 잘 적응하여 행복하게 살고 있는 대다수의 동성연애자들을 대상으로 하지 않는 사실에 의해서도 설명이 된다.

특히, 동성애밖에 하지 않는 사람들은 그 행위가 무척이나 자연스럽고, 동시에 거의 무해하기까지 하다. 그들은 일부 사람들의 우려와는 달리 절대로 성범죄를 일으키지 않고, 어린 남자 아이에게도 폭행을 하지 않는다.

만약에 무슨 일이 일어난다 해도 동성애 행동 자체를 범죄로 인정하지 않는다면 테스토스테론 수치가 높은 이성애의 남성보다도 그들의 성범죄는 훨씬 적다. 그들은 진짜 병적인 것은 자신들이 아니라 사회의 태도라고 말 할 것이다.

성전환과 복장 도착증

성전환은 동성애 중에서도 특수한 예다. 그들은 자신이 다른 성에 속해 있다고 믿는 것이 특징이다. 여성보다도 남성에게서 훨씬 많이 볼 수 있는 현상 중 하나는 자신은 남자의 몸에 갇힌 여성이라고 하는 독특하고 불안정한 감정을 지니고 있다는 것이다. 이러한 감정을 갖게 되면 남성 생식기를 떼어 버리고 여성 생식기를 붙이는 성전환 수술에 대한 욕구가 강해진다.

이는 보통의 동성애자가 자신의 성을 받아들이면서도 같은 성의 사람들에게 마음이 끌리고 있다는 점에서 분명히 다르다. 또한, 이것은 이성과 같은 복장을 하지만 그 대부분이 동성애를 지향하는 복장도착증服裝倒錯症과도 구별되어야 한다.

복장도착증은 동성애의 한 형식이라기보다는 페티시즘과 같은 것이다. 복장도착자는 이성의 복장을 입음으로써 성적 흥분을 느끼게 되어 자위나 성교를 한다. 그러나 성전환자는 여성의 복장을 했을 때에 자신이 바른 치장을 하고 있다고 생각할 뿐 성적흥분을 느끼지는 않는다.

이와 같은 일이 일어나는 원인은 확실하지 않다. 다만 성전환은 동성애만을 하는 사람의 경우에서 말한 바 있는 호르몬 구조에 의해서 일어난다고 추측된다. 즉, 형태학적으로는 남성의 대뇌 중추가 남성화되지 않고 여성인 채로 남아 있거나 그 반대로 형태학적인 여성의 남성화의 경우 등이다.

자신은 비정상적인 성 지향을 가지고 있는 남성이라고 자각하고 있는 동성연애자가 있는가 하면, 자신을 여성으로 생각해 주기를 바라면서 성 자체를 바꾸려고 노력하는 사람이 있는 것은 왜일까?

그 밖의 성도착증

성의 대상이나 성행위를 일반적이 아닌 방법으로 바라보거나 행하는 것을 보통 성도착증性倒錯症이라고 하는데, 그 중에서도 가장 잘 알려져 있는 몇 가지 원리에 대해서만 다음의 표를 통해 살펴보기로 한다. 이 표에 있는 항목 대부분은 남성에게 즐거움을 주는 근거가 된다.

여성은 이러한 몇 가지 영역에서 빠진다고 생각되지만 법 집행 기관의 주의를 끌 정도로 여성이 실제 행동에 빠지는 일은 결코 없는 것 같다.

알몸의 여성을 훔쳐보는 남성은 관음증이지만 알몸의 남성을 보고 있는 여성은 노출증인 남성을 보고 있는 것이 된다. 그러나 그 이상의 무엇이 있을 것이다.

강간, 수간, 근친상간, 마찰애호증과 같은 성도착증은 적절한 성의 대상과 어느 정도 비슷하지만 세상에서는 터부시되어 온 부분에까지 성적 관심의 대상 범위가 넓혀진 것이라고 볼 수 있다.

남성은 여성보다 성충동이나 공격성이 강하고, 반사회적 행동을 저지르기 쉽다. 그 때문에 남성은 여성보다도 훨씬 많은 도착적인 성행위에 빠지기 쉽다.

성도착증의 분류

성도착증	흥분의 기초
페티시즘	인간 이외의 대상물(예를 들면, 신, 양말, 가죽제품) 또는 육체의 특정 부분(발꿈치나 무릎)에서 성욕을 느낌
수간	동물과 성교
노출증	타인에게 성기를 보임
관음증	탈의 중, 성교 중인 타인을 훔쳐 봄
근친상간	근친과 성관계를 맺은
강간	타인에게 성적 폭행을 가함
소아애호증	아이와의 성적 접촉
사디즘	상대에게 고통을 줌
마조히즘	자기 자신에게 고통을 줌
유롤라그니아	상대에게 소변을 끼얹거나 자신이 뒤집어 씀
마찰애호증	군중 속에서 다른 사람에게 자신의 성기를 만지게 함

지금까지 살펴본 것처럼 리비도는 강하면 강할수록 태아 호르몬이 미리 설정된 첫 표적 주위에서 동떨어진 곳까지 일반화될 수밖에 없다. 그러나 이것만으로는 설명이 미흡하다. 왜냐하면 도착증환자 대부분이 강박적 특징을 가지고 있기 때문이다. 이는 자신의 특정한 일에 집착해 있기 때문에 그것만이 유일한 성적 기쁨의 원천이라고 믿고 있는 것이다.

따라서 성도착증 환자들은 자신이 믿고 있는 것을 꼭 해야 한다고 생각하고 있으므로 흥분하거나 오르가슴에 이르기 위해서는 그것에 의지할 수밖에 없는 것이다.

정신분석가들은 이 행동에 대해서 다람쥐가 쳇바퀴를 도는 듯한 설명을 수없이 반복했지만 현대의 심리학자들은 이와 같은 설명이

명석한 해석이라고는 생각하지 않는다. 최근 가장 많이 인용되는 두 가지의 요인은 신경학적인 손상과 감수성이 예민한 사람에게 생기는 우발적인 경험이다.

특히 페티시즘은 간질 발작과 관계가 있다는 것이 증명되고 있다. 인생의 이른 시기에 일어난 대뇌 측두의 손상이 페티시적 성격을 가진 성적 일탈에 결합되어 있는 경우가 자주 발견되었다.

페티시즘이나 복장도착증 가운데 상당히 많은 부분과 다른 성적 일탈의 몇 가지는 출생 전후부터 생후 2년 사이에 받은 미세한 뇌손상에 관계가 있다고 할 수 있다. 그러나 손상은 아마 그러한 행동을 불가피한 것으로 만드는 것이 아니라 그 행동에 기우는 경향을 가져오는 역할을 할 것이다.

조건을 지우는 역할에 대한 증거는 S.J. 라크만의 연구에 의해 밝혀졌다. 그 연구에서는 피실험자로 응모한 다섯 사람이 성적으로 흥분을 유발하는 일련의 사진을 본 직후에 부츠 사진을 보고 부츠 페티시즘이 되었다. 부츠 사진만으로도 성적인 흥분을 시킬 수 있었기 때문에 부츠 페티시즘이 확실히 확립된 것이다.

성적 일탈의 어느 부분은 좋은 동기가 과잉되거나 잘못되었을 때에 일어난다. 또한 그것들과 관련해서 일어나는 성적 흥분과 자극이 우발적으로 결부되는 과정을 학습하는 것도 어느 정도 영향을 끼친다. 어떤 사례에 확실히 내재하고 있는 또 하나의 요인은 상대방에 대한 학습성 공포다.

근친상간, 또는 소아애호증과 같은 성적 일탈이 종교심이 깊은 사람과 도덕적인 사람들에게 일어나는 경향이 있는 것은 정상적 인성에 대한 금기가 강한 것과 관련해서 설명할 수 있을 것이다. 마찬가지로 여성에 대한 공포심이 때로는 동성애의 기원이 된다. 습득된 공포로 인하여 보통 사회가 시인하는 성 활동을 하지 못하는 것이다.

지금까지 성도착의 특이성에 대해서 살펴보았다. 그러나 성도착의 원인이 무엇이든 그것이 다른 사람들의 자유에 해를 끼치지 않는 한 우리는 좀 더 관용해야 한다. 동성에는 소수사람에게 있어서는 자연스러운 것이며, 자진해서 받아들이는 한 무해한 성표현의 한 양식이다. 이것은 페티시즘에도, 가벼운 사디즘이나 마조히즘에도 적용할 수 있다. 동시에 사회는 다른 사람들에게 희생을 강요하고 폐를 끼쳐서 자신의 쾌락을 구하는 사람들로부터 보호를 받을 권리도 가지고 있다.

08. 성의 진화

인간은 모든 동물 중에서 지극히 예외적인 동물이다. 인간은 지성과 언어를 가지고 있으며, 지구상에 사는 다른 동물은 전혀 알 수 없는 예술을 창조하는가 하면 과학적인 연구를 할 수 있다. 그러면서도 인간은 유인원의 일종으로서 다른 유인원, 예를 들면, 고릴라, 침팬지, 오랑우탄 등과 닮았다. 다시 말해 인간은 영장류이고, 포유동물이며, 척추동물이다. 인간과 각 그룹에는 공통된 특징이 있으나 진화의 정도에 따라서 그 공통의 정도가 점차 줄어들고 있다.

인간의 조상에 해당하는 동물과의 유사성에 대한 연구는 행동의 기원을 이해하는 데 도움이 된다. 동물의 진화 과정을 더듬어보면 그 기원에 대해서 추측이 가능하기 때문에 그것들과의 상이점 또한 쉽게 발견할 수 있다. 인간은 동물과는 다르기 때문에 동물의 행동을 객관적으로 관찰할 수 있기 때문이다.

비슷한 이점을 다른 인간 집단, 특히 원시문화 집단이나 자신이 속해 있는 문화 속의 어린이 집단, 또는 대화를 구하지 않고 상호 감정을 교류하는 성인 집단을 연구함으로써 얻을 수 있다.

칵테일파티 때 방 한구석에서 얘기를 나누고 있는 남녀를 목소리가 들리지 않을 만큼의 거리에서 관찰해 보면 그 남녀의 성격은 대화보다는 표정이나 몸짓을 통해서 확실히 알 수 있는 경우가 많다.

여기에서는 인간의 매력과 사랑의 기원과 진화를 다루고자 한다. 그것은 동물의 교미 행동과의 비교, 상이한 문화에 있어서의 구애 방법의 비교, 아이나 성인의 비언어적 전달 방법인 신체 언어를 관찰함으로써 밝혀낼 수 있을 것이다.

영장류의 성적 매력

찰스 다윈은 《인류의 기원》에서 오늘날 인간 특징의 대부분은 생식적인 부분의 성공으로 형성된 것이라고 서술했다. 여기에는 신체의 크기, 색깔, 체모의 분포, 유방의 크기, 그 밖의 성적 특징도 포함되어 있다. 동물에게 성적 매력이 유리하게 작용하는 것은 그것으로 인해 상대를 잘 끌어들일 수 있고, 번식력이 증가하며, 새끼를 잘 돌볼 수 있기 때문이다.

다윈이 이 책을 쓴 지 100년 이상이 지났지만 그동안에 생물학자들은 다윈이 자연 도태의 다른 측면, 예를 들면, 기후 조건의 변화와 관련이 있는 원리의 중요성을 소극적인 태도로 표현한 것으로 생각하게 되었다. 오늘날 볼 수 있는 인간의 독자성은 성적 매력에 기인하는 바가 크다고 말할 수 있다.

이것을 이해하기 위해서는 유인원과 원숭이의 성생활을 살펴보아야 한다. 비비원숭이나 여우 원숭이의 암컷들은 빨갛게 부어오른 엉덩이를 보임으로써 수컷에게 발정 중이라는 것을 알린다.

일반적으로 암컷들은 자기가 택한 수컷의 얼굴에 색깔이 선명한 엉덩이를 들이댄다. 그러고는 어깨 너머로 수컷을 보며 친숙한 유혹의 낮은 울음소리를 낸다. 선택된 수컷은 그것을 찬찬히 보거나 냄새를 맡으며 어떻게 할까 하고 잠시 생각한다. 그리고 보통은 교미를 시도한다. 발정의 징후를 보이는 암컷을 수컷이 좋아할 것은 분명하다. 영장류들은 이런 경우에 대비해서 시각과 후각이 발달한 것이 아닌가 생각한다.

원숭이의 발정 신호에 해당하는 인간의 신호는 지극히 미묘하다. 아프리카의 어느 종족의 여성은 소음순이 커진다고 한다. 초기의 탐험가는 이것을 '호텐톳Hottentot 종족의 스커트'라고 이름 붙였다.

여성의 성기는 원숭이의 성기 외관처럼 월경 주기와 함께 변하지는 않으나 성적으로 흥분했을 때에는 핑크색에서 자색이나 붉은색으로 변한다. 이 특징이 매력적이라는 것은 이 현상이 자연적으로 일어나지 않는 번트족이나 바스트족이 그것을 인공적으로 만들고 있는 사실에서도 잘 알 수 있다.

풍만한 여성의 엉덩이가 매력적이라는 것은 모든 여성, 특히 둔부

가 비정상적으로 돌출한 아프리카 어느 여성 집단의 엉덩이에서 알
수 있다. 또한, 여성의 엉덩이는 사진가나 만화가, 조각가, 그리고
패션에 의해서도 강조되는 경우가 많다. 하이힐이 여성의 패션으로
발달한 것은 하이힐을 신으면 엉덩이가 튀어 나오고, 걸음을 걸을
때에 그 움직임이 강조되기 때문이다.

성적 매력의 효과

성행동은 원숭이에게도 사회와 관계가 있다. 원숭이 무리는 비교
적 안정된 지배 순위를 가지고 있는데, 이것은 힘의 세기, 능력, 인
기 등의 요인으로 결정된다.

암컷은 일반적으로 이 계층의 밑바닥에 속하나 발정기에는 공격
성이 강해져서 조직의 상층으로 올라간다. 에스트로겐의 증가와 함
께 힘을 얻게 되고, 그것이 동기가 되어 무리의 경계를 뛰어넘어 외
부의 수컷을 유혹하거나 일시적으로 자기의 새끼를 버리는 행동을
취한다. 그러나 발정기 이외의 시기에는 결코 그런 일이 없다.

발정기가 되어 암컷의 공격성이 높아지면 사회적 지위를 유지하
려는 수컷과의 싸움이 발생한다. 그러나 그 싸움은 보통 수컷에 대
한 교미의 유혹으로 귀결된다. 수컷은 암컷과의 싸움보다 사랑을 선
호하기 때문에 화해가 성립되는 것이다.

성적 의사표시는 실제로 항복을 나타내는 몸짓을 보이는 경우가
많다. 성교를 목적으로 하지 않는 이 행동은 수컷이나 발정하지 않

은 암컷에 의해서 사용될 수도 있다. 이것은 성적 의사표시의 대상이 되는 개체의 공격성을 격감시키는 데 도움이 된다. 마찬가지로 올라타는 것은 성본능을 만족시키기 위해서라기보다는 오히려 사회적인 지배력을 과시하는 데 이용되는 경우가 많다.

수컷의 생식기 과시도 교접을 위해서라기보다는 때로는 공격을 위한 것으로, 예를 들면, 상위의 원숭이가 하위의 개체 얼굴에 발기한 페니스를 들이대는 일이다. 이것을 노출증이 있는 남성과 관계가 있다고 생각하는 사람이 있을지도 모른다. 하지만 노출증이 있는 남성은 대체로 열등감이 심한 경우가 많을 것으로 추측하는데, 어쩌면 이와 같은 남성은 발기해 있든 아니든 페니스를 노출해서 여성을 위협하려고 하는 것인지도 모른다.

'파수꾼'이라는 원숭이는 무리의 중앙에서 다리를 벌리고 앉아 발기해서 색깔이 진해진 페니스를 보여 준다. 자기의 세력권을 분명히 하고, 접근해 오는 침입자에게 경고를 하는 것이 목적이다.

사랑과 성의 쾌락

대개의 포유동물은 1년 중 어느 한 계절에 교미를 하여 번식한다. 그 외에 다른 시기에는 수컷이 거의 성교에 관심을 보이지 않는다. 그러나 영장류는 암컷의 수태가 매월 주기적으로 이루어지도록 시기가 정해져 있고, 수컷 또한 언제나 성적 욕망을 가지고 있다. 생물학자들은 이것이 영장류의 특성이라고 지적한다. 그렇기 때문에 원숭이 무리는 규칙적인 교접을 벌이지만 인간은 이보다 좀 더 발견된 모습을 보이는 것이다.

인간 여성은 수태하지 않는 기간은 상당히 길지만 성적쾌감을 위해서 거의 언제나 남성을 받아들인다. 주기 중의 리비도에는 다소의 변화가 있을지 모르지만 배란기에만 오르가슴을 느끼는 여성이 있는가 하면 월경 직후에 가장 성욕을 느낀다는 여성도 있다. 아마 박탁효과剝啄效果(주: 성적 욕구가 월경 중에 차단되기 때문에 오히려 욕구 수준이 고조되는 현상) 때문일 것이다. 그래서 인간은 언제나 성관계를 가질 수 있고, 실제로 즐기고 있다.

인간은 태어나는 아이의 수를 조정하고 동시에 아이를 기르는 능력이 뛰어나다. 그래서 진화 나뭇가지(주: 진화는 사다리 형식이 아닌 하나의 뿌리를 바탕에 두고 나뭇가지처럼 뻗어나가는 형식이라는 이론) 중에서 가장 높은 위치에 있다.

번식에는 두 가지 경우가 있다. 하나는 소멸에 대처해서 많이 낳는 것이고, 또 하나는 소수만을 낳아서 주의를 기울여 잘 키우는 것이다. 대개의 하등 동물은 전자의 방법으로 충분히 생존해 왔다. 그러나 인간은 후자의 방법을 취해 오늘날처럼 번성했다. 현재의 인구 문제는 후자의 방법으로 조절하는 것이 효과적이라는 것을 인정받고 있다.

인간이 성관계를 갖는 기간이 긴 것을 깊이 분석해 보면 아이 때문이라는 결론에 도달하게 된다. 즉, 인간의 성적 쾌락은 남녀의 인연을 강화하여 아이들이 자력으로 살아갈 수 있게 될 때까지 기다려 주는 작용을 한다. 그 밖의 다른 형태의 협력도 물론 사랑의 관계를 강화하는 데 중요한 역할을 한다.

데스먼드 모리스의 '인간이 성 활동을 하는 것은 난자 때문이 아니라 관계를 돈독히 하기 위해서다'라는 말에 동의하는 것이다.

여성의 성적 특징

여성을 성적 관점에서 살펴보면 인간과 다른 유인원 사이의 상이점을 이해할 수 있다. 인간에게는 성생활의 향유 기간이 긴 것 외에도 체모가 적다는 특징이 있다. 다윈은 영장류가 성감대나 성적으로 의미가 있는 부분에 털이 없는 것과 암컷의 드러나 있는 피부가 수컷보다 많은 것에 주목했다.

그는 체모가 없는 편이 남성에게 매력적으로 보이기 때문에 여성의 체모가 도태된 것이라고 주장했다. 이러한 현상은 남성에게도 마찬가지다.

모리스는 자신의 저서 《벌거벗은 원숭이》에서 이 생각을 확대했다. 즉, 피부의 노출은 촉각적인 접촉을 강하게 하여 사랑을 촉진시킨다는 것이다. 그리고 여성은 털의 도태와 함께 부드러운 가슴이나 둥그스름한 엉덩이의 윤곽, 민감한 입술, 성교 중의 피부의 홍조, 입술, 코, 귓불, 유두, 생식기의 혈관 확장 등이 발달한다는 것이다. 그런 변화들은 모두 피부의 접촉에 의해서 일어나는 성적 흥분과 결부되어 있다.

이와 같이 인간은 성감대를 전신에 확대시키는 쪽으로 진화했다.

또한, 긴 구애, 전희, 여성의 오르가슴의 출현 등도 인간에게만 적용된다. 어쩌면 인간은 만물 중에서 가장 성적인 동물일 것이다.

모리스와 많은 사람들은 인간의 결혼에 부여된 이와 같은 정교함이 사랑하는 사람들의 연결을 강화하는 역할을 하고, 나아가서는 부모에게 의존하는 아이들의 응집력에 도움이 된다고 생각했다.

여성의 신체적 진화

인간이 어떻게 해서 털을 잃게 되었고, 여성의 피부가 왜 남성보다 매끄러운가에 대한 다윈, 모리스의 설명에 대해서 모두가 찬성하는 것은 아니다. 오히려 이 이론은 처음부터 교회와 여성들로부터 거센 항의를 받았다.

교회는 아담과 이브를 내세워서 남성과 여성의 분화를 주장하는 성서의 입장을 강조했다. 반면에 여권 신장 운동가들은 여성의 몸이 남자를 기쁘게 해주도록 만들어졌다는 주장에 몹시 분개하고, 이를 대신할 만한 이론을 수립했다. 그 이론 중에는 털이 많은 남자들은 유인원의 자손일지 모르지만 여자는 그렇지 않으며 처음부터 여자였다는 주장도 있었다. 그러나 나중에는 수생 진화론水生進化論이라는 이론을 지지했다. 이 이론은 여자들이 해안의 모래사장에서 조개를 줍는 동안 남자들은 산에서 사냥을 하는 것과 같은 남녀 간 노동의 차이에 기초를 둔 생각이었다.

여성들의 털이 없어지고 피하지방이 늘어나면 성적으로 풍만해져서 번식에 유리하기 때문이라고 하는, 이를 테면 여성을 양서류적 유인원으로 보는 견해를 받아들였던 것이다. 이것은 여성이 남성의 추잡한 흥미에 적응하고 있는 것이 아니라 생태적으로 적응했다는 의미이다. 이러한 생각은 생물학자 사이에서도 어느 정도는 설득력이 있는 것으로 받아들여지고 있다.

다시 말해 다윈, 모리스의 '털의 소실과 지방의 배분'이라는 이론이 더 넓은 범위의 관찰 결과를 해명할 수 있고, 정치적인 의도를 갖지 않는 과학자 사이에서 널리 받아들여지고 있다는 것은 분명한 사실이다.

모방의 목적

진화론자들은 생존의 방책으로서 모방의 의의를 강조해 왔다. 예를 들면, 무해한 동물은 유해한 동물이 보내는 위험 신호를 흉내 내서 언제 해를 줄지 모르는 적을 쩔쩔 매게 할 수가 있다는 것이다. 또한 동일한 종 내의 암수 사이에서도 모방을 하는 것으로 알려져 있다.

수컷 원숭이가 자기보다 강한 원숭이에게 복종하는 것을 보여주기 위해 암컷과 같은 성적 의사표시Presenting 행동을 하면 강한 수컷은 그 자극에 반응한다. 이 방법은 무리 속 수컷들의 싸움을 감소시키고 응집성을 촉진시키는 데 도움이 된다. 이와 같은 습성이 없다면 약한 개체는 도망가는 길밖에 방법이 없다. 그러나 약한 개체가 도망치는 것은 사회 구성에 도움이 되지 않는다.

암컷은 경쟁 상대인 암컷을 위협하기 위해서 올라타거나Mounting 성기를 과시하는 등 수컷의 신호를 흉내 내는 것이 도움이 된다는 것을 잘 알고 있다. 이처럼 영장류의 세계에서는 암수 각각의 개체가 상대에게 자신을 갖게 하는 암컷의 신호와 상대에게 공포를 주는 수컷의 신호 양쪽을 적절하게 활용하고 있다. 이 원리에 의해서 양쪽 성에 이상적인 구분이 정해진다.

이렇게 생각하면 남성이 왜 수염을 깎는지, 왜 의상이나 머리스타일의 유행이 남녀의 구별을 두드러지게 하는지 설명할 수 있다. 사랑의 진화에서 중요하다고 생각되는 동일종 내의 또 다른 모방은 유아의 모방이다. 영장류의 유아가 나타내는 의존적 신호는 어른들로 하여금 보호 본능을 일으키게 한다.

여성은 남성을 끌어들이는 데 같은 신호를 이용한다. 여성은 화장과 의복으로 강조하기도 하지만 부드러운 피부, 큰 눈, 둥그런 윤곽 등은 모두 남자로 하여금 일종의 부성애를 일으키게 한다.

영장류의 생식기

모방은 개개의 동물 체내에서도 생긴다. 예를 들면, 파충류 중에는 등에서 덤비는 것을 방지하기 위해서 꼬리 끝에 또 하나의 머리를 가지고 있는 종이 있다.

또한, 복잡한 머리 근육이 진화하고 동종 안의 다른 구성원에게 감정을 전할 수 있게 되면서 대면 접촉이 많아졌다.

영장류 중에는 대면성교對面性交를 하는 종도 있다. 이때 직립자세를 유지하기 때문에 하반신이 전보다 많이 드러나 보이게 되었다. 또한, 유인원 중 어떤 종은 후부의 환영 신호를 전면에서 나타내면 이롭다는 것을 알았다. 그래서 암컷은 가슴에 분홍색 피부를 노출시키는데, 이것은 후부의 성피性皮를 암시하는 것이다.

남성이 여성의 유방에 관심을 보이는 것도 위와 비슷한 현상이다. 영장류의 암컷의 유혹이 엉덩이에 둘러싸인 음문이라면 살이 둥글고 통통하게 올라 짝을 이룬 다른 부분은 이 신호를 나타내는 것이다.

전면에 있는 가장 명백한 성적 반향은 유방이다. 물론 입술, 어깨, 무릎 등과 같은 다른 부분도 성애적인 관심을 일으키기는 하지만 일차 신호와의 유사성이 줄어들면서 관심을 끄는 정도가 적어진다.

수유기가 아닐 때에도 유방이 불룩한 인간의 여성은 영장류 중에서도 특이한 존재다. 큰 유방은 큰 엉덩이와 함께 성적 진화에 잘 적응하고 있는 것이다.

모리스는 그의 저서 《친밀한 행동》에서 유방의 매력에 대한 '생식기 반향 이론'에 신빙성을 주는 여러 가지 인상적인 관찰 결과를 인용하고 있다. 예를 들면, 여성의 의복은 가슴 부분을 더 불룩하고 둥글게 하기 위해서 유방을 위로 밀어올리고, 다시 유방의 패인 부분을 엉덩이의 패인 부분과 똑같이 하기 위해서 중앙으로 붙인다는 것이다.

유방의 생식기 모방은 여성과 마주 보고 있는 남성의 마음을 온화하게 하는 동시에 성적으로 흥분시키는 효과가 있다. 그러나 다행히 그 반향 신호는 원초적인 신호만큼은 강하지 않다. 만약 그렇지 않다면 문명사회를 유지하는 데 어려움이 많을 것이다.

어쨌든 책임감을 요구받거나 성실한 자세로 대인관계를 유지해야 하는 여성에게는 이차적인 신호까지도 약화시키는 복장을 하는 것이 때때로 필요하다.

부모 자식 간의 사랑

소녀가 성인이 된 후에도 어린아이 같은 특징을 많이 가지고 있는 것, 그것을 화장이나 복장으로 강조하려 하는 것, 그리고 남성이 그것에 매력을 느끼는 것에 대해 이야기했다.

로맨틱한 사랑과 함께 사회적 응집에 크게 기여하고 있는 또 하나의 본능은 자녀 보호 본능이다. 부모 자식 간 행동의 기본적인 형태가 구애까지 확대된 것은 확실하다. 사랑을 표현하는 아기 같은 말투로 말하기, 손잡기, 포옹하고 입 맞추기와 같은 행위의 형식 대부분은 부모와 자식 간의 접촉을 떠올리게 된다. 사실 연인들 행동의 대부분은 부모와 자녀의 역할처럼 서로가 다정하게 행동하거나 돌보아 주는 형태를 보이므로 위와 같은 해석이 가능해지는 것이다.

원숭이나 유인원이 털을 핥거나 입술을 뻐끔뻐끔 벌리는 것은 본래 어린 원숭이를 돌볼 때의 반응이지만, 성장한 원숭이끼리 인사를 하거나 화해를 할 때 보이는 중요한 몸짓이기도 하다. 사실 인간은 이 본능을 다른 어떤 동물보다도 사교를 위해서 사용해 왔다.

이런 본능을 구애로 사용한 것은 아이가 부모에게 의존하면서 발달해 온 것이다. 인간은 결혼할 수 있는 시기가 올 때까지 부모에게 의존한다. 그래서 이 본능이 청년기나 성인기의 구애 행동에서도 흔히 나타나는 것이다.

로맨틱한 사랑은 성관계를 목적으로 하지 않는다. 이 점이 단순한 성적 사랑과 다른 점이다. 어쨌든 인간의 사랑에는 성관계만을 목적으로 하지 않는 많은 동기와 관심이 있는 것은 분명하다. 예를 들면, 다른 기능과 재산의 교환, 지적인 대화, 유머 등이 그것이다.

사랑의 가장 중요한 본능 중에는 출생 때부터 시작되는 자기 보호에 대한 욕구가 있다. 정신 분석가들이 성의 중요성을 설명할 때 이 점을 강조하는 것은 흥미 있는 일이다.

신체 접촉의 중요성

영장류는 불안감을 갖거나 낭패감을 느끼면 신체 접촉의 본능적인 욕구를 보인다. 이것은 부모와 자식 사이의 친밀감의 중요한 부분이고, 성인이 된 후 애정관계에까지 확산되어 간다.

아이블 아이베스펠트는 그의 저서 《사랑과 미움》에서 프로이트는 만약 어머니가 자신의 아이에게 성행위에 대한 지식을 주고 있는지를 깨닫게 된다면 심한 쇼크를 받을 것이라고 했다. 이것은 이제까지와는 전혀 다른 해석이었다. 배후에 숨어 있던 것을 전면으로 내놓은 것이다. 어머니는 부모다운 조심성으로 아기를 돌보는데 이는 남편의 사랑을 받으려고 할 때에도 같은 방법을 사용하는 것이라고 기술했다.

위스콘신대학의 심리학자 해리 할로는 새끼 원숭이의 행동과 성의 발육에서 신체의 밀접한 접촉은 매우 중요하다고 했다. 그는 이를 증명하기 위해서 새끼 원숭이를 어미 원숭이에게서 떼어놓고, 철사로 만든 대용 어미 원숭이를 주었다.

그 결과 어미 품에서 자라는 원숭이가 철사로 만든 어미에게서 자라는 원숭이보다 훨씬 자연스럽게 자랐다. 이로써 어머니의 역할은 안아 주는 것이 음식을 주는 것보다 중요하다는 것이 증명되었다.

인간도 마찬가지로 두려울 때나 불안할 때에는 다른 사람과의 밀접한 신체적 접촉을 요구한다. 이것은 태어났을 때부터 갖게 되는 행동 양식이다. 부모의 팔 안에서 본능적으로 느끼는 좋은 기분과 보호를 받고 있다는 안도감이 사랑의 주요 성분인 것은 의심할 여지가 없다.

어떤 인류학자는 입맞춤이 어머니가 음식을 입으로 옮겨준 데서 유래했다고 주장했다. 이것은 인간을 포함해서 영장류에게서 흔히 볼 수 있는 현상이다. 확실히 입의 여러 가지 움직임은 이런 주장을 뒷받침하는 근거가 될 만하다. 유인원과 원숭이가 입을 오므리는 것은 먹이를 주는 데서 비롯된 것이며, 인사나 복종, 또는 사회적 관심을 나타낼 때의 의식화된 신호가 되었다.

그러나 이런 간접적인 예시만으로는 입맞춤의 기원에 대해 정확히 평가하기가 어렵다. 이 두 가지 행동을 연결시키는 것은 직감적인 면에서 강한 인상을 주지만 현 단계로서는 어떤 진화 경로를 밟아 왔는지 알기 어렵다.

육체의 유혹

지금까지 인간 이외의 영장류가 같은 종족에게 성적 관심을 보일 때 사용하는 몸짓에 대해서 설명했다.

그렇다면 인간의 육체적인 유혹은 어떠한가?

인간은 말을 할 수 있기 때문에 자신의 의사를 완전하게 상대에게 이해시킬 수 있다. 그러나 실제로는 별로 솔직하게 의사 표시를 하지 않는다. 터놓고 얘기를 하는 것은 관계가 상당히 진전된 단계에서다. 금방 만난 단계에서는 의사 전달을 미묘한 몸짓이나 얼굴 표정으로 하는 것이다.

말은 전달 수단이라기보다는 '사회적인 처신'으로서의 역할을 한다. 실제로 말보다는 억양이나 강도, 온화함, 음성의 크기, 말투의 속도 등 비언어적인 측면이 중요하다. 사람이 처음 만났을 때에는 상대의 감정을 해치지 않는 선에서 일상적인 이야기를 나눈다. 그러나 '신체 언어'에 대해서는 깊은 주의를 기울인다.

대개의 경우 시선은 로맨틱한 관심의 표시와 판단의 중요한 기준이 된다. 그리고 상당히 떨어진 장소에서도 눈을 사용할 수가 있기 때문에 온갖 종류의 상호 이해가 가능하다.

지크 루빈의 연구는 서로 깊이 사랑하고 있는 사람들이 그다지 사랑하지 않는 커플보다 시선의 교차가 훨씬 많다는 것을 확인해주었다. 연인들이 서로 바라보기만 해도 사랑을 느낄 수 있는 단계에 이르기까지는 비언어적인 미묘한 신호를 해석해야 한다. 다시 말해서 연인끼리 시선을 교차하는 그 자체가 사랑의 행위라 할 수 있다.

여기에 생각보다 훨씬 중요한 것으로 동공의 크기를 들 수 있다. 동공은 빛이 어두울 때뿐만 아니라 무엇을 보고 흥분하거나 관심을 가졌을 커진다. 동공이 큰 사람이 매력적으로 보이는 것은 밝게 빛나는 눈이 활기와 흥분을 나타내기 때문이다. 연인끼리 어두운 곳에서 마주했을 때 좀 더 로맨틱한 분위기를 느끼는 이유가 여기에 있다. 어두운 조명은 아름답지 못한 얼굴을 감추어 줄 뿐 아니라 동공을 크게 해주기 때문에 그렇게 느끼게 되는 것이다.

게다가 동공 자체도 변화하지만 실제로 눈 주위의 근육도 움직인다. 다른 사람에게 관심이 있다는 것을 보일 때는 눈썹을 가볍게 올릴 수도 있고, 눈 아래와 눈 꼬리에 조금 주름이 잡히기도 하고, 웃어 보일 수도 있다. 시선을 살짝 내리까는 것은 특히 십대 소녀들이 잘 쓰는 표현법이다.

성에 대해 자의식이 있는 여자는 수줍어하면서 시선을 마주치고, 그 뒤에 아래나 먼 곳으로 눈길을 돌린다. 이런 행동은 어느 문화에서도 공통적인 것으로, 이는 어린아이 때부터 생기는 습성이다. 사실 어린 티를 드러내 보여 주는 것이 여성의 매력 가운데 하나이기도 하다. 이 행동은 전통적인 여성의 미덕이 되는 순결, 복종, 수줍음으로 나타난다.

비교 행동학자들은 그런 행동의 의미를 추적한 결과 의식적인 복종과 '당신을 따라가면 어떻겠습니까' 하는 유혹에 기인한다는 것을 발견했다.

많은 여성들은 쫓기는 것을 일종의 전희로 즐기기도 한다. 이것이 폭행을 당하고 싶다는 뜻은 아니다. 그녀들이 정말 원하는 것은 자신들이 선택한 남성이 신체적인 우월성을 보여 줌으로써 아드레날린을 증가시키고 싶은 것이다.

입은 얼굴에서 두 번째로 표정이 풍부한 의사표시 부위이다. 그리고 미소는 보통 인사와 우정의 표시로 받아들여지고 있다.

비교 행동학자들은 미소가 영장류의 마음을 온화하게 만드는 사교적인 표정이라고 생각한다. 이것은 활짝 웃는 얼굴과는 전혀 다른 것이다.

입술을 내밀거나 오므리거나 혀를 차거나 하는 입의 움직임은 더 직접적인 의미를 갖는다. 여기에서도 진화의 기원이라고 생각되는 부분을 지적할 수 있다. 예를 들면, 혀를 차는 것은 입맛을 다시는 것의 의식화된 형태다. 그리고 입맛을 다시는 것은 노골적인 성표현의 신호이다. 그 밖에 입의 움직임도 입맞춤과 아주 비슷하다.

이외에도 성적 관심을 나타내는 육체적 언어는 많다. 남성은 자신이 매력을 느끼고 있는 여성 쪽으로 몸을 돌린다. 다리를 꼬고 앉을 때에는 그녀 쪽에서 봤을 때 바깥쪽에 있는 다리를 가까운 쪽 다리

위에 올려놓는다. 몸 전체가 그녀 쪽으로 향하도록 하는 것이다.

또, 어떤 종류의 신체 접촉도 사랑의 의사표시가 된다. 보통은 남성 쪽에서 여성에게 접근한다. 여성 쪽은 마음이 내키지 않을 때에는 뒤로 물러서서 자신의 의사를 표현한다. 만약에 그녀도 관심을 가지고 있다면 그대로 가만히 있든지, 아니면 그의 어깨에 머리를 기대는 등의 접근 동작으로 반응을 보인다. 한번 접촉이 시작되면 비교행동학자들이 말하는 공개적으로 소유권을 주장하는 새끼줄을 치고 글루밍(평온과 흥분)으로 바뀐다.

남성이 다리를 벌리고 앉는 것은 흔한 일이지만 여성이 그러는 것은 대부분의 문화에서 좋지 않은 것으로 여긴다. 다리를 벌리는 것이 무엇을 의미하는가는 설사 성기가 실제로 노출되지 않는다 해도 지극히 명백하다. 이런 관념은 여성용 바지의 출현으로 어느 정도 너그러워졌지만 그래도 아직 점잖은 장소에서는 이 신호가 지나치게 강한 것으로 보고 있다.

반대로 여자가 너무나 다리를 꼭 붙여 앉으면 그것은 자기주장이 무척 강하고, 무엇인가 다른 것을 호소하고 있는 의미로 해석된다. 데스먼드 모리스는 그의 저서 《친밀한 행동》에서 이렇게 말했다.

아무리 냉정하게 말한다 해도 그녀의 머릿속에 성에 대한 생각이 가득 차 있음을 나타내고 있다. 사실 생식기를 무턱대고 감추려는 여자들은 생식기를 남의 눈앞에 들이대는 여자와 마찬가지로 주의를 끈다. 또한, 앉았을 때 스커트가 조금 올라가서 다리가 많이 드러났을 때 스커트를 끌어내리는 행동도 그곳의 성적 분위기를 강화할 뿐이다. 양 극단을 피하는 행동만이 가장 자연스럽다."

승낙과 거부의 비언어적인 신호

따뜻한 몸짓

그의 눈을 들여다본다	3.2	그와 마주 앉는다	2.8
그의 손을 잡는다	3.2	입술을 오므린다	2.8
그를 향해서 움직인다	3.2	긍정적으로 끄덕인다	2.7
자주 미소 짓는다	3.1	눈썹을 치켜 올린다	2.5
머리에서 발끝까지 눈길을 보낸다	3.1	입술을 핥는다	2.5
행복한 표정을 짓는다	3.1	말할 때 손을 써서 몸짓을 한다	2.5
입을 벌리고 미소 짓는다	2.9	눈을 크게 뜬다	2.5
이를 보이고 생긋 웃는다	2.9	힐끗 본다	2.5

차가운 몸짓

차가운 눈길을 돌린다	0.7	손톱을 뜯는다	1.3
냉소한다	0.9	눈길을 딴 곳으로 돌린다	1.4
거짓 하품을 한다	1.0	계속 담배를 피운다	1.5
눈썹을 찌푸린다	1.1	시큰둥한 표정을 짓는다	1.5
그에게서 물러선다	1.1	손을 만지작거린다	1.5
천장을 본다	1.1	방안을 두리번거린다	1.5
이를 쑤신다	1.2	물건을 만지작거린다	1.5
부정적으로 머리를 흔든다	1.3	손가락을 뚝뚝 꺾는다	1.6

여성은 한마디도 하지 않고 남성에게 좋고 싫은 것을 어떻게 알리는가? 일리노이 대학의 제럴드 클로와 그의 동료들은 이성과의 사교적인 만남에서 여자들이 공통으로 나타내는 행동 목록을 만든 뒤, 학생들에게 그 몸짓이 어느 정도로 좋거나 싫음을 전달하는지 평가를 하게 했다. 위의 표는 16가지의 가장 긍정적인 몸짓과 가장 부정적인 몸짓을 나타낸 것이다. — 클로비긴즈, 이트킨

선택의 주도권

수컷이 지극히 매력적인 암컷을 고르는 것은 대단히 중요하지만 결코 최선은 아니다. 수컷의 지배 순위에 따라 영향을 받기 때문이다. 원숭이의 경우, 수컷 원숭이들은 서로 타협한 끝에 누가 암컷에 대해서 첫 번째 선택권을 가질지를 정한다.

영장류에 따라서는 서열이 낮은 수컷과 역시 계층이 낮은 암컷이 짝이 된다. 다른 영장류에서는 서열이 높은 원숭이가 수태능력이 높은 시기의 암컷 모두와 교미할 수 있고, 한편 낮은 계층에 속하는 수컷은 수태기 외의 암컷하고만 교미가 허용된다. 이와 같은 구조에 의해서 뒤를 잇는 세대는 상위에 있는 원숭이로부터 우수한 혈통을 물려받는다.

암컷 원숭이도 어느 정도는 수컷을 선택한다. 암컷들은 특정한 원숭이에게 자기의 의사를 표시하고, 다른 원숭이는 배제한다. 물론 수컷을 선택하는 기준은 외형보다는 수완과 용기에 있다.

이런 현상은 인간에게서도 비슷하게 나타난다. 남성은 주로 시각적 기준에 의해서 상대를 선택하고, 여성은 지능, 업적 또는 사회적 지위와 관계가 있는 그 밖의 특징에 의해서 선택한다. 여성에게는 육체적인 아름다움이 유리하게 작용하지만 남자에게는 재능이나 능력이 유리하게 작용하는 것이다. 따라서 아름다운 용모와 높은 지위는 상품으로 따지자면 양쪽 모두 시장가치가 높기 때문에, 이 두 가지는 상류층 계급에서 누리게 되는 것이다.

예를 들면, 반드시 그러한 것은 아니지만 굵은 다리의 여성은 아래 계층으로 밀려나게 되고, 이런 사람들은 결혼 상대를 찾아내기가 힘들다. 여성도 원숭이와 마찬가지로 어느 시기에 이르면 성적인 면에서 적극적으로 다가가는 경향이 있어서 남성보다도 변화가 많다.

관계의 초기 단계에서는 남성이 주도권을 잡지만 그 시기가 지나면 남성 쪽은 싫증나고 맥이 빠져서 주도권이 점차로 여성 쪽으로 옮겨가는 것이다. 이러한 양상은 인간뿐 아니라 원숭이나 다른 포유동물에서도 확실히 나타난다.

각인된 사랑

오리 등의 조류는 알에서 깨어난 직후 최초로 본 움직이는 대상의 뒤를 따르는 성향이 있다. 이렇게 하나만을 심하게 고집하는 학습을 각인刻印이라고 한다. 유인원을 포함한 고등동물에서는 이런 현상을 젖먹이 시기 초기에 볼 수 있다.

예를 들면, 유아기에는 기분 좋게 안도감을 주는 어떤 특별한 완구나 이불, 또는 천 조각을 가까이 하려고 한다. 그러면서 본래의 물건과 분간이 안 될 정도로 같은 것이 아니면 대용물을 받아들이지 않는다.

이런 형태의 학습은 성장과정에서 생기는데 언어, 식물의 기호, 음악의 기호, 그 밖의 많은 기호를 습득하는 과정에도 어느 정도 포함되어 있다. 어떤 특이한 성적 고착 역시 한 번의 조건 성사로 시작된다.

인류학자 폰 케파르트는 한 남성의 예를 들고 있다.

"한 사춘기 남자아이가 자기보다 키가 크고 힘이 센 여자아이와 싸움을 시작했다. 그는 그녀의 몸에 깔려 허우적거리고 발버둥을 치는 동안에 태어나서 처음으로 성적 흥분을 아주 강하게 경험했다. 그리고 그 한 번의 경험이 그의 생활을 계속 지배했다. 그 후부터 그는 성적인 흥분을 언제나 덩치가 크고, 근육질의 지배적인 여성이어야 느낄 수 있었다. 또 이성애적인 접촉에서도 그와 같은 싸움질 비슷한 행동을 하려고 했다. 그런 그에게서 마조히즘적인 속성이 발견된 것은 놀라운 일이 아니다."

치료자나 연구자들은 페티시즘, 노출증, 관음증, 마조히즘, 복장 도착증 등의 많은 성도착이 시작될 즈음에 각인 과정이 포함되어 있는지도 모른다는 점에 의견의 일치를 보기 시작했다.

뉴질랜드의 성 과학자 존 머니는 성 발달의 임계기臨界期에 어떤 사람은 동성애의 대상을 각인당하고, 또 어떤 사람은 이성애의 대상을 각인당한다고 했다. 무사히 임계기를 넘긴 청년이나 성인이 변태적인 성 경험을 강요당하거나 유혹을 당해도 상습자가 되지 않는 이유는 각인의 시기가 유아기이기 때문이라는 것이다.

성인의 우발적인 동성애는 동성애 성향이 각인되지 않는다. 존 머니는 성의 동일성이 1살에서 4살까지의 어느 시기에 각인된다고 했는데, 아주 어릴 때에 남성이나 여성에 대해서 평생 지워지지 않는 결정이 이루어진다는 것이다.

사람의 임계기는 청년기에 접어들면 곧 시작된다. 불쌍한 십대들은 대개 그 비현실적인 온갖 종류의 일시적 흥분의 희생물이 된다.

그 누구라도 적절한 상황, 즉 상호 이익, 이웃의 격려, 성생활, 보호, 지위, 흥분 등의 요인만 주어진다면 성숙된 로맨스로 발전할 가능성을 가지고 있다. 이와 같은 각인은 오리새끼의 경우처럼 분명한 것은 아니지만 다소 비이성적이고, 동시에 남을 사랑할 수 없다는 의미에서 배타적이다.

연애의 각인을 촉진시키는 중요한 요인은 신선함이다. 에드워드 브레처는 그의 저서 《성연구자》에서 이렇게 말했다.

"13세의 소년, 소녀를 사랑하는 일은 결코 없다. 이에 비해서 그 도시에 새로 이사 온 소녀인 경우에도 도시의 소년 절반에게 자기가 사랑의 대상이 되고 있다는 것을 알고 깜짝 놀라는 일이 있다. 이 신선함에 대한 욕구가 근친상간적인 연애가 비교적 적은 이유의 하나일지도 모른다."

어느 순간, 어떤 한 사람을 보고 한눈에 반하는 것은 결코 이상한 일이 아니다. 또한 전혀 만난 적도 없는 영화배우나 누군가의 환상에 사랑을 느끼는 것도 흔히 경험하는 일이다. 그 뒤에 심한 정신적 공황상태를 겪는 증후군은 시인이나 소설가에 의해서 잘 묘사되고 있다. 인간학자들은 그것이 시간적으로나 공간적으로 광범위하게 퍼져 있음을 보여 주었다.

사랑하던 사람과 헤어진 경우 사랑의 감정이 소멸된 뒤에 다시 누군가를 사랑하는 것은 가능하다. 그러나 청년기에 강렬한 첫사랑을 경험해버리면 같은 정도의 격렬한 경험은 두 번 다시 찾아오지 않을지도 모른다. 만약 첫사랑과 함께 살게 됐을 경우에는 혼외정사가 각인되리라고는 생각되지 않는다.

각인은 인간의 사랑에 있어서 또 하나의 중요한 진화론적 기초라고 생각된다. 이것은 사랑의 비예측성과 사랑의 돌연한 출현이 갖는 '큐피트의 화살'과 같은 성질을 설명하는 데 중요한 개념이 된다.

안전과 안락을 원하는 경향은 부모가 자녀를 돌보는 데에서 파생된 것이고, 인간 또는 그것을 대체할 수 있는 개체와 접촉함으로써 다소는 충족된다. 호의나 기능, 대화 등의 교환은 남녀를 불문하고 누구에게나 있을 수 있는 우애적인 과정이다.

성의 쾌락을 교환하는 상대는 일반적으로 이성에 제한된다. 물론 누진적 강화 스케줄(주: 반응이 강화될 때까지 필요한 반응의 수를 규칙적으로 늘려가는 것. 예를 들어 문을 10번 두드리면 먹이가 나오지만 다음에는 20번, 그 다음은 30번으로 증가시켜가며 두드리지 않으면 먹이가 나오지 않게 조건을 만든다)은 특정한 한 사람을 상대로 설정되기 쉽다.

그러나 각인은 둘도 없는 한 사람을 상대로 생기는 것이다. 여기에 조상 동물에게서 이어받은 그 소질이 함께 작용하면 성숙한 인간의 로맨틱한 사랑이 탄생하는 극적인 현상을 만들 수 있을지도 모른다.

09. 성의 미래

사람들은 미래의 사랑에 대해서 전망할 때 과학기술이 어떻게 대인 관계를 대신하게 될지에 초점을 맞추어 왔다. 그리고 언제부터인가 전기적·화학적 자극물이 평범한 사랑이나 성관계의 대용물이 되고 있다. 이 방법은 시간이 짧아도 되며, 다른 사람의 협력을 받을 필요가 없다는 이점도 있다.

사랑에 대한 다른 예측은 정치적인 발전을 강조한다. 예를 들면, 영화 《롤러 볼》에서는 공동 사회가 그 사회에 기여한 사람들에 대해서 보상으로 일정 기간 매력적인 파트너를 빌려준다. 여기에서도 대인 관계가 갖는 신비성은 초월해버렸거나 상실되어버린 것으로 가정되어 있다.

과거의 과학소설이 예측한 현대의 모습이 신비로울 정도로 정확한 것은 흔히 증명되고 있다. 과학기술과 정치는 사회적인 추세를 추정할 때에 고려해야 하는 중요한 영향력이다. 그리고 다른 또 하나의 중요한 요인은 인간성이다. 그것은 일종의 균형 유지의 힘이라고 볼 수 있다.

지금까지 오늘날 볼 수 있는 성적 매력과 사랑에 대해서 고찰했다. 즉, 성적 매력과 사랑의 영역에서의 행동이 어떻게 기본적인 인간성을 반영하고, 일시적인 사회 압력이나 사회 조건에 어느 정도 근거하는 것인지를 알아보았다.

이제 계속 발전하고 있는 과학 기술과 정치를 사랑의 심리학과 연결시켜서 미래에 무엇이 기다리고 있는지 생각해 보기로 한다.

개발 시대에서의 성 변화

현대인들은 성문제에 대해서 점점 더 솔직하고 개방적으로 되어가고 있다. 텔레비전, 신문, 잡지, 그리고 남녀 간의 대화가 날이 갈수록 더욱 노골적으로 변해가는 것에서 체감할 수 있다.

실제 행동에 있어서도 많은 변화가 있다. 서구 여러 나라의 연구를 종합해보면 혼전 경험과 혼외 경험이 증가하고 있는 반면, 그런 행동에 대한 죄책감과 후회는 감소하고 있다.

이런 경향은 언제까지 계속될까? 그리고 언제 이것에 반대하는 혁명이 일어날까? 성도덕은 빙하기와 같이 소장消長(사라짐과 자라남)

을 겪어가는 역사적인 주기에 따른다는 것이 일반적인 생각이다. 이 견해를 따르는 사람들은 현재의 개방주의가 억압적인 빅토리아 시대의 사고방식에 대한 단순한 반동에 불과하기 때문에 곧 도덕의 추가 본래의 자리로 되돌아가기 시작할 것이라고 예측하고 있다.

그러나 현재의 경향이 생긴 이유로 생각할 수 있는 것을 몇 가지 분석한 결과를 살펴보면 이 주장이 타당하지 않다는 것이 입증되었다. 사소한 반동, 예를 들면, 영국에 있어서의 페스티벌, 오브 라이트 운동(주: 영국의 그리스도교 부흥 운동으로, 특히 매스컴의 성 개방 경향에 반대하고 있다)과 같은 사소한 반동은 자주 일어나겠지만 개방주의는 새로운 균형 상태가 생길 때까지는 증가를 계속할 것으로 생각된다.

개방주의에 결부된 요인을 들면 다음과 같은 것들이 있다.

1. 종교적인 신념과 가치의 붕괴. 신의 징벌을 두려워하지 않게 되었다.
2. 통신과 수송의 개선. 다양한 문화를 보다 많이 경험하게 되었다.
3. 이름도 모르는 사람이 증가하고, 일시적인 만남의 범위가 넓어졌다.
4. 부의 증가. 여가와 경제적 자유가 증가하였다.
5. 손쉽고 효과적인 산아제한 수단과 함께 임신의 공포가 줄어들었다.
6. 자동차나 영화, 그 밖의 발명. 우연한 성적 만남의 경험과 기회가 증가했다.

이 과학적·기술적·사회적인 변화의 대부분이 당장 뒷걸음질 친다고 생각되지는 않는다. 따라서 이와 같은 변화에 의해서 촉진된 개방주의가 멈춰질 리는 없을 것이다.

난교亂交, 그리고 성병

과학은 자유분방한 성관계에서 오는 많은 장애를 제거했으나 아직 남아 있는 것이 더러 있다. 그 중 하나가 바로 성병과 에이즈다. 그러나 과학은 곧 이 장애에서도 인류를 구출해 줄 것이다.

과학의 진보, 또는 종교와 도덕의 완화를 거치면서도 성에 대한 제약이 있다면 그것은 인간의 심리 속에 자리 잡고 있는 신중함, 내향성, 소극적인 성격 등일 것이다. 앞에서 동물이나 교차 문화의 연구를 통하여 성관계에서 암컷이 특히 신중하다는 것을 기술한 바와 같이 시기적으로 적당하지 않으면 암컷은 분명히 유보의 태도를 나타낸다.

아무튼 동물의 성은 종교나 도덕성과는 관계가 없다. 영장류의 암컷이 성관계에 대해서 조심성이 깊은 것은 사회적으로나 생물학적으로 암컷 쪽의 부담이 크기 때문에 책임이라는 짐을 지고 있는 것이다. 뿐만 아니라 다음 세대로 이어지는 유전 구조는 암컷들에 의해서 지배된다. 수컷은 성관계가 즐거움일지 모르지만 암컷은 그 결과와 살아가야 한다.

물론 인간 이외의 동물은 사물을 의식적으로 비교해서 생각하지 못한다. 이것이 진화의 길을 걸어오게 한 이유다. 아마도 암컷이나 수컷 모두 난교적인 것보다는 어느 정도 선택을 하여 적절한 관계를 오래 유지하려고 할 것이다.

생물학적 제약과는 달리 성적 상대를 선택할 때의 신중함에 대해서는 타당한 이유가 얼마든지 있다. 그와 같은 이유는 필연적으로 심리학에 길을 묻게 된다. 설사 이 감정을 잘 통제할 수 있는 개인이나 집단이 따로 있다 해도 질투는 지극히 기본적인 인간의 심정이다. 성적인 것이든, 그렇지 않은 것이든 대인 관계는 설사 형식적인 안정이라 해도 그것이 없으면 많은 위험이 생긴다.

난교는 로맨틱한 사랑과도 우정적인 사랑과도 양립할 수 없다. 상호의 이해를 원하는 인간의 욕구는 앞으로도 파트너를 바꾸지 않도록 제동하는 역할을 할 것이다. 그러나 불행하게도 일부일처제는 현실적으로 인간의 본성에서 유래된 것은 아니다. 사람이면 누구나 어느 정도는 가지고 있는, 특히 남성이 가지고 있는 자극과 새로움을 원하는 욕구에 대해서 서술한 것과 같이 이것은 새로움을 구하는 인간의 필연적인 본능임을 뜻하는 것이며, 앞으로도 간단히 해결될 것 같지는 않다.

성에 대한 사회적 압력

사회적 규범이 성행동을 억제하는 효과는 심한 억압으로부터 갓 빠져나온 사람들에게 잘 나타난다. 그러나 사회적 압력은 사람들을 난교에서 멀리하게 하는 동시에 난교에 밀어 넣기도 한다.

매스컴이 사람들의 눈길을 끌기 위해서 극단적인 성관계나 도착적 성행동을 실험하는 것은 사람들을 그런 행동에 동조하게 하는 압력이 될 가능성이 있다. 매스컴이 보여주는 것과 같은 그런 행동을 하지 않으면 자신이 조금 모자라다거나 시대에 뒤떨어졌다고 은연

중에 생각하게 될 수 있기 때문이다.

사회적 압력이 반대 방향으로 작용할 가능성이 있는 또 하나의 예는 여성해방 운동이다. 과거뿐만 아니라 오늘날에도 여성이 직업을 갖는 것을 방해하는 사회적 압력은 여전히 존재하고 있다. 세상은 여성이 기술자가 되는 것보다 가정주부로, 의사가 되는 것보다 간호사가 되도록 길들여 왔다.

그러나 지금은 그와는 반대의 움직임이 일고 있다. 여성들은 예전과는 달리 남성의 일에 종사하도록 설득되고, 남성들은 가사나 아이들을 돌보는 일을 분담하도록 압력을 받고 있다. 그런데 이것은 주부와 어머니가 되고 싶은 여성으로 하여금 좋아하지도 않는 일을 무리하게 선택하게 함으로써 실패라는 역효과를 가져올지도 모른다. 또한 여성의 성생활도 피해를 입을지 모른다.

영국 버밍햄의 성 치료전문가 필립 코트리 박사는, "현대에 들어 성적인 의미에서 남성이 여성으로부터 몸을 빼기 시작하고 있다고 생각한다. 부부 사이의 성관계율의 저하와 함께 기혼 남성의 자위행위가 증가하고 있다"고 말했다.

혼외정사가 증가하고 있는 탓인지 모르지만 코트리는 여성의 자기주장이 강해졌기 때문에 현대의 남편들이 정신적으로 거세됐다고 말한다. 여성의 거절이 두려워서 남성이 권리를 주장하지 못하게 되면 남녀 모두가 성적 만족을 얻지 못하게 될지도 모른다.

이와 같이 사회적 압력은 반드시 보수적인 것만은 아니다. 때로는 사람들에게 그 본래의 경향보다도 급진적인 행동을 무리하게 강요한다. 난교와 성도착증이 이 단계에까지 오게 되면 금세기가 끝나기 전에 전통적인 도덕으로의 복귀가 다소라도 가능하게 될지 모른다. 단, 빅토리아 시대의 도덕주의, 그 자체가 복귀한다고는 생각할 수 없다.

성의 변화

성행동을 억제하지 않는 추세는 로맨틱한 사랑에 어떤 영향을 줄까?

일부 사람들은 순수한 사랑은 완전히 사라지고 성생활은 더욱 쾌락적이면서 기계적인 모습으로 바뀔 것이라고 예측했다. 이 예측은 사랑이 제한적이고, 독점적인 성관계에 의존하고 있다는 생각에 기초를 두고 있다.

덴마크나 미국의 캘리포니아 주와 같이 세계에서 성이 가장 개방되어 있는 곳과, 스페인이나 테네시 주와 같이 비교적 보수적인 지역을 비교해도 지나친 개방주의의 결과로서 사랑이 크게 붕괴할 것이라고는 생각할 수 없다. 동일 지역 내의 진보적인 요소와 보수적인 요소를 비교해 봐도 마찬가지다. 그러나 이것과 관련된 정식 연구는 아직 없다. 그래서 이런 경향이 앞으로 좀 더 발전하는 것을 기다려야 할 것이다.

만약 이 책에서 개관한 사랑의 이론에 근거한다면 어떤 예측이 가능할까? 귀속이론에 따르면 정열적인 사랑은 질투와 그 밖의 급진적인 감정에 의하여 발화된다. 그렇게 되면 아마 정열적인 사랑은 개방적인 조건 아래서 성행될 것이다.

그러나 성적 욕구불만과 흥분도 사랑을 촉진하는 중요한 요인이될 수 있다. 성관계가 쉽게 이루어진다면 불만은 크게 일어나지 않겠지만 어느 정도의 새로움이 사라지기 때문에 흥분도 또한 그만큼감소하게 될 것이다.

이러한 생각에 근거하면 로맨틱한 사랑의 횟수나, 강렬함이 감소한다고 볼 수 있을 것이다. 성적 만족에 의해서 사랑의 굴레가 강해진다고 하는 비교 행동학의 입장에서 보면 한꺼번에 몇 명을 상대할경우 사랑이 분사되어 엷어지게 된다. 사랑의 총합은 같아도 개개인의 상대에게서 느끼는 로맨틱한 감정은 감소하는 것이다. 이와 같은부정적인 의견에 대해서 개방주의의 유익한 효과라고 생각되는 몇가지를 고찰해 보자.

첫째는 성행동에 대한 죄의식, 공포, 혐오와 같은 불쾌감을 제거하는 효과를 얻을 수 있을 것이다. 이러한 억제 감정은 지금까지 많은 커플에게 성적 충족감을 주지 못하고, 그 결과 사랑의 발전을 방해해 왔다.

또 하나의 이득은 완전한 성생활에서 얻는 만족의 일반화다. 개방적인 사회가 되면 노여움이나 괴로움은 어느 정도 흘러가고, 뒤에가서는 온갖 종류의 애정이 자라는 풍요로운 토양이 남지 않을까 기대해 볼 수 있다.

이러한 점들을 고려해 본다면 개방주의의 증가와 함께 사랑은 다소 줄어들지 모르지만 결코 완전히 말살되지는 않을 거라는 생각이다. 특히, 정열적이고 열광적인 사랑은 강인함을 어느 정도 약화시킬지 모르지만 사랑의 감정을 넓게 확산시킴으로써 사회는 이익을 얻을 것이다.

성이 두 사람의 인간관계만을 강화하는 데 도움이 된 상황에서 나아가 더 큰 집단 안에서의 사교적인 관계를 촉진시키는 데 도움이 되는 시대로 우리는 점점 이동하고 있다.

'전쟁을 멈추고 사랑을 이야기하자'는 슬로건은 이런 경향을 직관적으로 호소하고 있다. 엔카운터 그룹(주: 심리 상담의 한 요법. 몇몇 사람이 한자리에 모여서 다른 사람과의 깊은 만남으로 대인 관계나 조직 활동을 개선하는 것)과 스와핑의 지지자들은 그와 같은 경험에서 같은 집단 안의 성원들 사이에 강한 일체감을 끌어내게 된다고 주장한다.

아마도 오늘날까지 우리는 성을 두 사람만의 독점적인 관계에 한정함으로써 그것이 가지고 있는 사교적이고 평화적인 가능성을 허비해 왔을지도 모른다.

결혼과 이혼

결혼의 미래는 지금까지 말해 온 것과 관련이 있는 문제인 동시에 같은 정도로 논의해야 할 문제이기도 하다. 예나 지금이나 혼인율은 거의 같은 수준으로 유지되어 왔다. 법적 제도 자체로만 본다면 결혼은 쇠퇴할 조짐을 보이지 않는다. 그러나 그 성격에서는 몇 가지 현저한 변화가 보인다.

사람들은 평균적으로 지금까지 보다 젊은 나이에 첫 결혼을 한다. 결혼 횟수도 많아지고, 신고 결혼(주: 교회에서 결혼식을 거행하지 않는 결혼)도 전보다 많아졌다. 영국의 이혼율은 과거 10년 사이에 2배 이상 많아졌고, 다른 서구 여러 나라에서도 같은 증가를 보였다.

이것은 오늘날의 결혼 대부분이 실제는 재혼임을 의미한다. 재혼하는 사람이 이전보다 많아지고 있음에도 불구하고 결혼률이 상승하고 있지 않기 때문에 결혼의 형식을 전혀 갖지 않고 사는 사람이 증가하고 있다는 뜻이다. 따라서 어떤 의미에서는 결혼이 감소하고 있는 셈이 된다. 즉, 몇 번이나 결혼하는 사람과 전혀 결혼하지 않는 사람, 그리고 종교에 의한 결혼식을 올리지 않는 사람이 늘고 있는 것이다.

평생을 지속하는 전통적인 결혼의 쇠퇴 요인은 개방주의의 요인과 지극히 유사하다. 한편, 이혼에 대한 종교상의 제한이나 법률상의 제한은 점점 완화되고 있다. 지금의 우리 사회를 보면 사람들의 이동이 빈번해지고, 경제적으로는 더욱 자유로워지며, 혼외 관계를 경험할 기회도 많아지고 있다. 앞으로 종교의 힘은 점점 약화될 것이고, 여가는 더욱 늘어날 것이다.

이혼이 쉬워짐에 따라 결혼의 법적 제도 역시 붕괴할 날이 찾아오지 않을까? 지금은 젊은 커플들이 왜 가정을 이루는 일에 불필요한 법적 구속까지 받아야 하느냐고 자문하기 시작했다.

종교적 · 도덕적 쇠퇴와 더불어 진행된 결혼의 구속으로부터의 해방은 생각한 것만큼 이루어지지 않고 있다. 그 이유에는 심리적인 결합이 있기 때문이다.

그 첫 번째 원인은 앞에서 여러 차례 논한 사랑의 굴레이다. 이것은 할리우드의 신화와는 달리 현실적인 것이다. 사랑의 굴레는 종교나 법률의 압력이 없이도 상당히 오랫동안 커플을 결합시켜 두는 힘을 가지고 있다.

두 번째는 두 사람 사이에서 생긴 아이에 대한 서로의 애정이다. 첫 번째 굴레가 약해지기 시작할 무렵에는 두 번째 굴레가 작용하기 시작하는 것이다. 그때가 되면 배우자의 한쪽, 또는 양쪽 모두 자녀를 버리려고 하지 않기 때문에 부부로서의 결합은 없어졌어도 우애를 기반으로 함께 살아가는 경우가 많다. 서로 소유권을 주장하지 않으면 다른 사람들과 만족스러운 관계를 유지할 수 있고, 그 결과로 부부는 훨씬 우호적으로 함께 살 수 있게 될 것이다.

첫 번째 연인과 일부일처제로 생활하고 있는 많은 부부들은 강제적으로 그렇게 하고 있는 것이 아닌 자기 의사로 그렇게 하고 있는 것이다. 많은 사람들이 예측하는 개방된 결혼 경향은 로맨틱한 연애나 아이를 낳아서 기르는 사회 제도를 단절하거나 약화시키게 된다.

물론 옛 이야기나 할리우드의 관념은 지금도 정열적인 사랑만이 계속해서 행복할 수 있는 유일한 기초라고 가르치려 한다.

그러나 이런 사랑은 일시적인 반면에 사회에 대해서 짊어지고 있는 책임은 지극히 오래 이어진다. 아마 미래에는 사랑과 결혼의 평형 상태가 없어지고 합리적인 결혼으로 옮겨갈 것이다. 한마디로 로맨틱한 사랑이 가정을 만드는 본질적인 기초라고는 생각하지 않게 될 것이다. 그 결과 아이들은 잘 보호되고, 중년 부부는 서로 마음이 잘 맞아서 더욱 행복하게 살게 될 것이다. 그와 동시에 결혼의 형식을 갖추지 않은 애정 관계에 대한 제한이 완화되고, 결혼과는 관계없이 성적인 사랑이 성행할지도 모른다.

배우자의 선택

앞으로 배우자 선택이 더욱 합리적으로 되어 간다면 이것은 컴퓨터 결혼 소개소가 지금보다도 더욱 큰 공헌을 하게 된다는 것을 뜻하는 것은 아닐까? 단, 결혼할 때에 고려하지 않으면 안 되는 요인은 더욱 세련된 지식일 것이다.

앞에서 말한 것과 같은 연구가 이 과정에 도움이 될 것이다. 그러나 성격과 그 밖의 것이 어떻게 짜 맞추어지는 것이 가장 바람직한지를 말할 수 있게 될 때까지는 해야 할 일들이 아직 많이 있다.

컴퓨터에 추가로 기억시킬 항목 중에는 유전성 질병에 대한 의학상의 항목이다. 이것만 이루어지면 열성의 결함을 가진 사람끼리의 결혼을 피할 수가 있다. 그 결과 건강한 아이를 갖게 될 것이다. 그렇게 되기 위해서는 당연한 일이지만 심리적으로 적합한 사람과 살며, 인공 수정과 같은 기술을 이용해서 아이를 만드는 것이다.

부부는 어떤 과정을 거쳐서 만나게 되는 것일까?

영국 런던대학의 인류학자 데이빗 콜맨의 말을 들어보자.

"한 남자가 평균적인 규모의 도시에 살고 있다고 하자. 그는 아마 같은 도시에 태어나서 살고 있는 여자와 결혼할 것이다. 그가 중류 계급이 아니라 노동자 계급에 속해 있다면 그 가능성은 더욱 커진다. 아마 두 사람은 도시의 가장 큰 댄스홀에서 만나겠지만 두 사람의 가족은 그때까지 한 번도 만난 적이 없다. 그러나 그의 아버지에 비하면 그가 먼 곳에 사는 여자를 발견할 가능성은 훨씬 크다. 앞으로 멀리 떨어진 곳에서 상대를 찾아내는 경향은 증가할 것이다."

인구의 변동

성과 의학에 관련해서 가장 의미 있는 과학의 진보는 산아제한, 특히 구경 피임약과 자궁 내 장치의 발달이다. 이제 기술의 진보를 통하여 성행동이나 인구 문제에 놀라운 효과를 주는 방법을 깨닫게 된 것이다. 성의 기쁨과 생식을 떼어 놓음으로써 진화의 경로를 결정할 수 있는 자유를 누리게 되었다는 이야기이다.

가톨릭교회는 성과 생식의 분리에 반대해 왔다. 그러나 사랑의 진화라는 관점에서 보면 생식이 성관계의 유일한 목적이라고 하는 가톨릭교회의 주장은 분명히 잘못된 것이다. 인간의 경우, 성은 두 사람의 사랑을 촉진하는 데 큰 도움이 되기 때문에 부부는 함께 살기를 원하고 아이를 돌보는 것이다.

교미는 곧 생식이라는 공식은 하등 동물에게서나 볼 수 있는 특징이다. 인간은 본래 동물이었다는 다윈의 말에 그렇게도 격렬하게 반대한 종교가 여전히 인간의 성적 가치를 떨어뜨리려 한다는 것은 잘못된 일이다.

지금까지 인구는 그야말로 가공스러운 비율로 증가해 왔다. 의술과 약품이 개선되어 수명이 연장됐다는 의미에서 인구 증가에 대해서 큰 책임이 있는 것은 과학이다. 그러나 앞으로 20~30년 정도 지난 후에는 반대로 급격히 감소하는 인구 문제를 감당해야 할지도 모른다.

왜냐하면 인간은 본래 아이를 만들고 싶어 하는 본능을 가지고 있다고는 생각되지 않기 때문이다. 하나의 종種(산아제한을 생각할 만큼

현명하지 않은)이 생존을 계속하기 위해서는 교미로 이끌리는 성충동과, 그 결과로 태어나는 아이를 반드시 돌보려고 하는 부모로서의 본능이 있어야 한다. 만약 동물이 교미와 임신의 관계를 모른다면 교미에 대한 욕구는 생물학적으로 일어나지 않을 것이다.

오늘날에는 사람들이 자연 그대로의 출생률로 아이를 낳으려고 하지 않는다. 과거에 태어난 아기는 대부분 우연의 소산이었고, 적극적으로 원해서 낳은 경우는 대단히 적었다. 근래에 시작한 산아제한 덕분으로 영국과 미국을 포함한 서구 여러 나라에서는 출생률이 이미 사망률과 같은 수준으로까지 떨어졌다. 임신과 출생을 미화하지 않고 인구 증가에 더 이상 기여하지 않는 것이 사회적 책임이라는 선전활동이 늘어가는 동시에, 출생률은 사망률을 하회하게 될지도 모른다. 한국이나 일본과 같은 나라는 이미 출산 기피 현상이 나타나 국가적 문제로 대두되고 있다.

매력의 중요성

사회가 도시화하고 유동화 함에 따라 사람들은 일시적으로 만나는 횟수가 증가한다. 그렇게 되면 신체적 매력의 가치가 증가하게 마련이다. 다시 말하면 신체적인 매력 이외에는 다른 좋은 점을 평가할 기회가 많지 않다는 것이다.

사람들은 모든 일에 대해서 세심한 신경을 쓰지 않기 때문에, 가령 폭행을 당하거나 날치기를 당해도 경관에게 적확하게 묘사를 해

보일 수가 없다.

불특정 다수의 사람들과 짧은 시간동안만 접촉해야 하는 직업인 들, 예를 들면, 스튜어디스, 접수계 직원, 세일즈 관계에 있는 사람 들(모델이나 여성 합창단과 같은 화려하게 차려입은 직업은 별도로 하고) 은 매력적이어야 한다. 그래서 그들을 대상으로 한 요란한 광고가 많이 등장하고 있다.

매력적인 사람들만이 이런 일을 하고 싶어 하고, 또한 이런 일에 기분 좋게 종사할 수 있다는 주장은 좀 지나칠지도 모른다. 그러나 매력 있는 사람들이 이런 일에 종사했을 때 상당히 돋보이는 것은 부정할 수 없는 사실이다.

그다지 매력적이지 못한 사람은 많은 사람들과 일과성으로 하는 일을 별로 즐겁게 이끌어가지 못한다. 그런 사람은 한정된 수의 사 람들과 장기간 개인적인 관계를 이루어가는 일, 예를 들면, 교사, 농민, 과학자 쪽을 좋아한다. 미래에는 신체적 매력에 따라서 제각 기 다른 직업으로 전환하는 경향이 늘어갈 것이다.

아름다움이 심리에 미치는 영향

유동적인 현대 사회에서 매력이 점점 중요해진다면 앞으로 20~30 년 사이에는 아름다움을 보조해주는 수단도 증가할 것이다.

예를 들면, 식사를 대신하는 약이나 호르몬 요법, 주름 펴는 수술 과 같은 보조 수단이 영향을 미칠 것이고, 또 남녀평등이 이루어지면 남성이 전보다 많은 화장품을 쓰게 될 것이다.

외모를 좀 더 가꾸고 돋보이게 하기 위해 수술을 받는 사람은 지금도 흔히 볼 수 있다. 때로는 자기 상실과 관련된 문제가 일어나는 일도 있으나, 일반적으로 그 효과는 사람의 나머지 인생을 위해서 지극히 유익하다.

흉측하게 생긴 범죄자에게 성형수술을 해서 인상을 바꾸어 주면 어떤 효과가 있을까?

뉴욕의 리처드 카트버그는 못생긴 범죄자들을 골라내어 그 중 몇 명에게는 석방 후 성형수술을 받도록 지원해주고, 몇 명에게는 직업 지도를 해 주었으며, 몇 명에게는 성형수술과 직업 지도 모두를 해 주었다. 그리고 1년 후 조사한 결과, 수술을 받은 쪽의 재범률이 아무것도 해 주지 않은 사람보다 36퍼센트나 낮다는 것이 밝혀졌다.

직업 지도도 유효하다는 것이 증명되었으나 그것은 미용성형과 병용된 경우에 한해서였다. 치료 또한 못생긴 얼굴을 수술해 준 경우가 신체를 수술해 준 경우보다도 효과가 좋았다. 이 사실은 외면적인 아름다움의 개선이 범죄의 감소에 도움이 된다는 사실을 증명해주었다. 성형수술의 비용은 경제적인 의미뿐 아니라 그 사람의 고통까지 포함하여 사람을 몇 년이나 투옥시켜 두는 비용에 비하면 결코 높은 것이 아니었다. 그러니까 성형수술은 심리요법의 보조 수단으로 유익하다는 것이 입증된 것이다.

예를 들면, 못생긴 여자가 남자 친구가 없어서 고독감과 소외감을 느낀다면 성형수술을 받아보라고 조언해도 좋다. 그에 드는 시간과 비용은 심리 요법가가 문제를 가진 채 생활하고 있는 그 여자를 도와줄 때 드는 비용과 거의 같은 정도이기 때문이다.

쾌락을 유발하는 기계

사람이 성적 만족을 얻기 위해서는 꼭 상대가 필요할까? 쾌락형식을 완전히 바꿀 수는 없을까? 오늘날에는 그러한 기대가 그다지 어리석은 것이라고 생각되지 않는다.

미시간의 심리학자 제임스 올즈는 미소전류微小電流가 뇌의 각 부위를 흐를 때의 쥐의 반응을 연구하다가 재미있는 현상을 발견했다. 대뇌 변연계라고 하는 중뇌 부분에 전극을 연결하면 쥐가 더 계속해 주기를 바라는 신호를 보내는 것이었다.

또, 쥐가 그 장소에 있을 때만 자극을 주었더니 나중에는 그 장소에서 꼼짝도 하지 않았다. 다음 단계의 실험에서는 쥐에게 전건電鍵 (전신부호를 보내는 기기의 키)을 주어 그 키를 누르면 회로가 닫혀서 자기에게 전류가 흐를 수 있게 하였다. 그러자 쥐가 미친 듯이 키를 누르는 것을 확인했다. 이 전기 자극에 반응하는 뇌의 영역을 '쾌락 영역'이라고 한다. 이 쾌락 영역은 그 후 인간을 포함해서 많은 다른 동물에게서도 발견되었다.

사람의 쾌락 감각 기관은 오르가슴, 교향곡, 노란 수선화가 가득 피어있는 들, 구운 칠면조 등 어떤 것에든 반응했다. 신경 심리학자들은 이런 현상을 쾌락 영역이 활력을 받기 때문이라고 한다.

약물도 쾌락 감각기관에 영향을 줄 수 있는지도 모른다. 그것은 약물이 전기 자극과 비슷한 형태로 쾌락 영역에 화학적으로 작용하기 때문일 것이다. 이러한 직접적인 쾌락의 원천은 언젠가는 지금보다 더욱 많은 사람들이 받아들이게 될 것이다. 다만 지금은 이러한 약물이 인간 문명을 종말로 몰고 가는 것이 아닌가 하는 두려움으로 조심스러워 하고 있기 때문이다.

몇 년 전에 하버드 대학의 심리학자 티모시 리어리는 마음의 고취를 위해서 환각제를 사용하도록 공공연하게 주장했다가 투옥 당했다. 사람들이 모두 어떤 종류의 '오르가슴 여행'을 나서서 일도 하지 않고, 책임도 지지 않는 일이 반복된다면 어떻게 될까? 그렇게 된다면 분명히 자멸을 초래하고 말 것이다.

보통은 정신병 환자에 국한되지만 쾌락 영역을 자극받은 사람은 오르가슴에 거의 도달할 듯한 느낌, 술이 만취된 상태, 좋지 않은 생각이 없어지는 것 등 다양한 쾌락을 경험했다고 한다.

자극을 스스로 운용할 수 있게 되면 강박적으로 스위치를 계속 누르게 된다. 마치 계속 담배를 피워대는 체인스모커나 술을 마셔대는 알코올 중독자 등과 같은 행동을 보이는 것이다. 그러나 쾌락 중추를 자극하다가 멈췄을 경우에는 화를 내거나 망설임을 일으키는 현상을 발견하지 못했다. 마취성 알칼로이드 물질인 메스칼린과 같은 약물의 경우에는 쾌락에 대한 기억이 남지만 니코틴이나 헤로인에 필적할 정도로 반복 사용하기를 열망하는 것은 아니다. 다시 말하면, 직접적인 쾌락을 경험하는 것은 명백하지만 사교적인 만족감 같은 것으로 완전히 바뀐다고는 볼 수 없는 것이다.

사람이 느끼는 최고의 미묘한 쾌락은 환경과의 상호 작용, 특히 그 환경 속에 있는 다른 사람들과의 접촉에 의해서 얻어내는 방법으로 진보해 왔다. 전기 자극 방법이 아무리 개발되어도 사람은 역시 다른 사람들과의 상호 작용을 필요로 하고, 자율적으로 행동할 것이다.

따라서 앞으로도 인간은 사랑하고, 미워하고, 온갖 감정을 느껴갈 것이다. 자위기계에 플러그를 꽂는 일도 있고, 대인 관계를 강화하기 위해서 쾌락 영역을 직접 자극하는 일도 있을지 모른다. 그러나 자기 경험의 통제를 약물이나 전극에 완전히 내맡기는 일은 결코 없을 것이다.

성생활의 다양성에 대한 관용

일반적으로 볼 수 있는 또 다른 경향은 사랑과 성에 관련된 태도의 분화다. 이것은 다양성에 대한 관용도의 증가와 병행해서 진행되는 것이 바람직하다.

사회가 더욱 진보하고 도시화해 가면 다종다양한 인재와 전문화가 필요해진다. 어떤 사람은 컴퓨터 기사가 되고, 또 어떤 사람은 건축가, 우주 비행사, 만화가, 정신 분석가 등이 된다. 이와 같은 직업 분화는 현저하게 다른 생활 방식을 낳고, 거기에서 또 다른 취미를 만들어낸다. 인간은 필연적으로 이러한 차이를 받아들이고 충분히 인정하게 된다. 사람들이 하나의 규범에 따라서 기계적으로 행동하기를 기대할 수는 없는 것이다.

사람들이 드러내는 성욕을 생물학적으로 증명하는 명확한 증거가 늘어나고 있다. 그것은 남녀의 차이뿐 아니라 각 개인의 차이에도 적용된다. 예컨대 한스 아이젠크의 두 가지 연구는 남성의 리비도 차의 3분의 2가 유전적인 것임을 확실히 입증했다. 또한 아이젠크는 사람에 따라서 표명되는 성생활의 만족도가 리비도에도, 태도의 개방성에도 관계되지 않음을 발견했다.

사람들에게 어떤 한 가지 생활 방식만을 강요하는 것은 바람직하지 못하다. 순결이든 난교든, 또는 그 중간이든, 개개인의 생물학적 성질이 어떤 것인가에 따라서 행복의 요인이 달라진다.

가장 진보하고 풍요롭고 변화가 풍부한 사회의 하나로 여겨지는 캘리포니아 주에서는 믿을 수 없을 정도로 광범위한 생활 방식, 즉 금욕적인 것에서부터 개방적인 난교에 이르는 모든 것이 제공되고 있다. 놀라운 것은 이러한 생활 방식이 대체로 조화를 유지하면서 공존하고 있다는 것이다.

사실 다른 배경을 가진 많은 사람들이 일정한 지역 안에 살고 있을 때는 생물학적인 차이와 문화적인 차이를 인정하고, 자신의 요구를 충족시키는 것을 학습하지 않으면 안 된다. 그렇지 않으면 생존할 수 없다.

이 문명화된 '세계주의'야 말로 확실히 나아가야 할 길이다. 수많은 변화에 넘치는 연애 방식과 결혼의 뒤섞임, 예를 들면, 동성끼리의 결혼, 생활 공동체, 스와핑 클럽, 콜걸, 쾌락기계 장치 등을 인정해야 하는 것이 현실이다. 동시에 일부일처제라는 전통적인 성관계 밖에는 인정하려 들지 않는 커플도, 일생 순결을 지키려는 사람도 인정해주어야 할 것이다.

이제 난교와 개방성의 차이를 분명하게 인식해야 한다. 난교는 개방적인 사회에 의해서 제공되고, 소수 집단에 의해서만 받아들여지는 성행동의 한 형식에 불과하다. 그러나 개방성은 사람들이 생물학적으로나 경험적으로도 다르다는 사실을 인정하는 동시에, 성애의 형식과 생활의 다양성에 대해서도 관용적이다. 이런 의미에서 개방주의 경향이 결코 저지되지 않기를 원한다.